クリの作業便利帳

荒木 斉＝著

農文協

まえがき

　私は昭和四十四（一九六九）年以来、クリの栽培研究に取り組んできました。この間の研究と経験のなかで私がクリに感じてきたことは、「クリは他の果樹以上にたいへん素直であるが、ひとつ道をはずすと、どうしようもない果樹に変身する」ということです。「道をはずす」、つまり栽培のポイントをはずすと、これほどたちの悪い果樹はないのです。逆に、ポイントを押さえると、クリほどよくいうことを聞いてくれる果樹はなく、生産能力も驚くほど高まります。

　しかも、クリは土地面積当たりの粗収益が少ないため、ブドウやリンゴ、ナシのような集約栽培をすることはできません。いかに省力、省資材でクリのもつ能力を引き出せるかが重要で、そのための栽培管理技術の究明が目指すべき方向だと思うようになりました。こうしたなかから、更新せん定技術や低樹高栽培技術が生まれるとともに、適正樹冠間隔とそれを守ることの重要性が明らかになりました。

　日本では、リンゴ、ミカン、ブドウ、ナシ、モモ、カキ……など、多くの果物が栽培されていますが、これらの果樹のなかで、クリは光の要求量が一番多いのです。こんなことをいうと、多くの人は驚かれるかもしれませんが、間違いのない事実なのです。クリの樹を見てください。果実は直射光線を受ける樹冠部にしかなっていないはずです。収量が上がらなかったり、病害虫の被害が多いクリ園やクリ樹の大部分は、過密植になっているか、上部の枝が多すぎるかして、樹の下部や内部に光が当たらないことが原因になっています。

　このことを踏まえて、もう一度クリの栽培技術はどうあるべきか、これまでの考え方はよかったのか、クリの生理・生態を充分に活用しクリの持つ能力を発揮させてきたのだろうか、などについて改めて考えてほしいと思います。

本書では、まず生産が不安定な園でよくある現象を取り上げ、その原因がどこにあるのかを入り口に、クリのもつ生理や生態的特性を生かした樹冠間隔や樹形の考え方と仕立て方、樹形改造の方法、作業のポイント、さらに品種選び、土壌管理や施肥方法、病害虫などへの対策について、写真や図、イラストを交え、簡潔にわかりやすく解説しました。

クリ生産者の皆さんはもちろんのこと、初めてクリを栽培する人、自家用の庭先クリとして楽しまれる方にも充分理解していただけるものと思います。本書が、皆様のクリ栽培の一助になれば望外のよろこびです。

最後に、本書の刊行にあたって種々お世話いただいた、農文協書籍編集部に厚く御礼申し上げます。

二〇〇四年九月

荒木　斉

目　次

2、クリ林化した低収高木園の改造――一挙更新せん定……36

3章　最初から低樹高に仕立てる

4章　年間の作業

5章　主な品種とねらいにあわせた選び方

囲　み

付　録

クリの花と果実

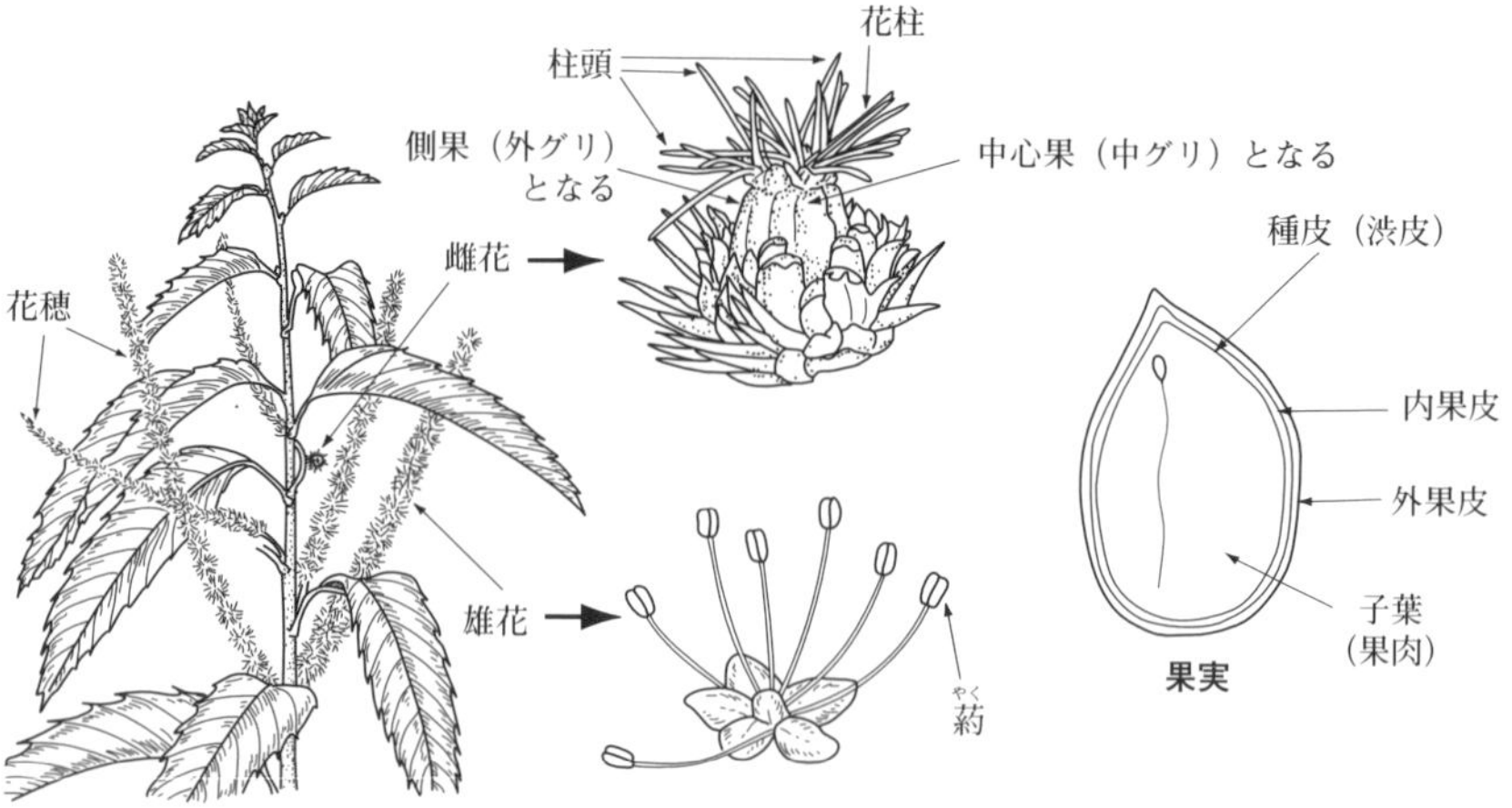

クリの花と果実の構造

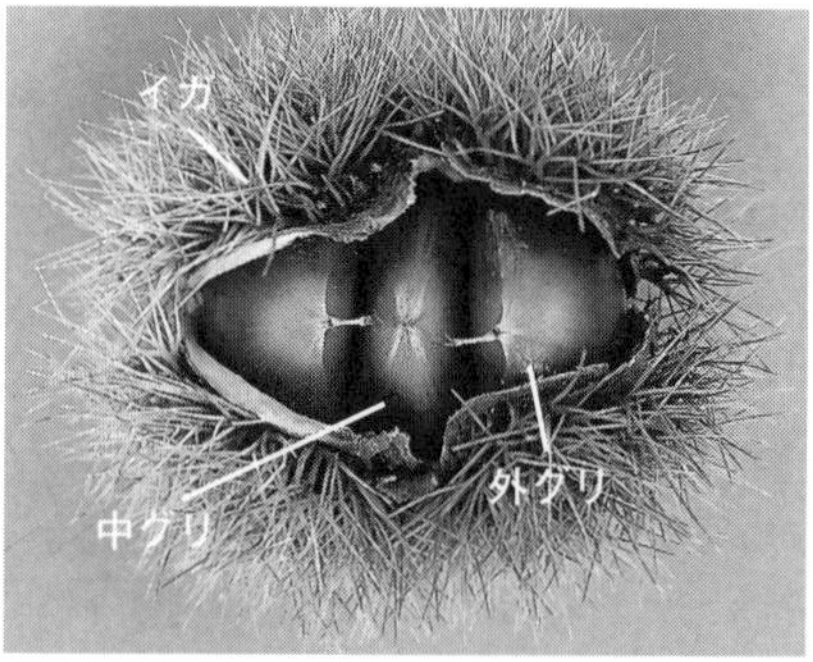

裂開した収穫期の毬《きゅう》果《か》

クリの雌花と雄花

雌花を持っている花穂を帯雌花穂と呼ぶ

枝の呼び方

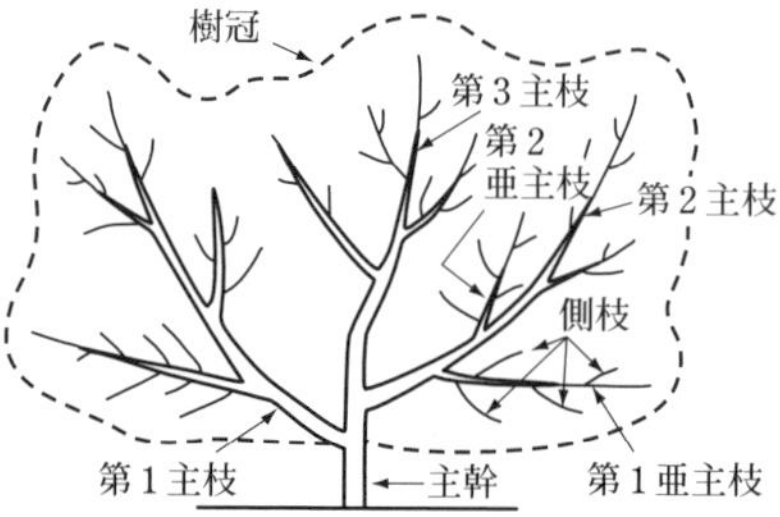

クリの結果習性

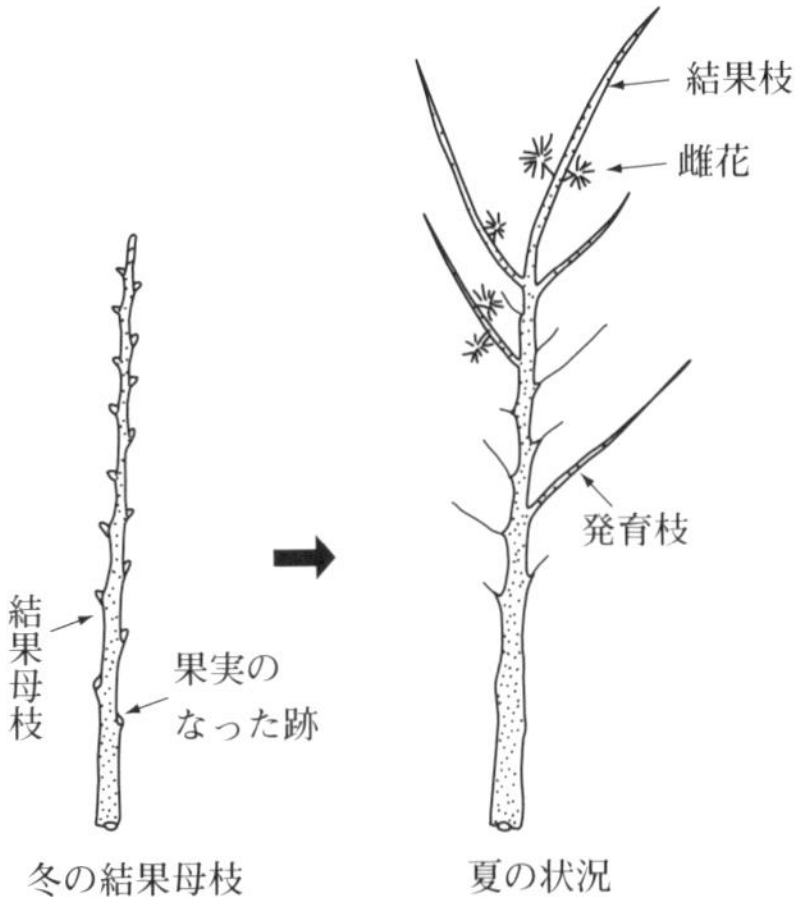

結果母枝の切返しをしない場合

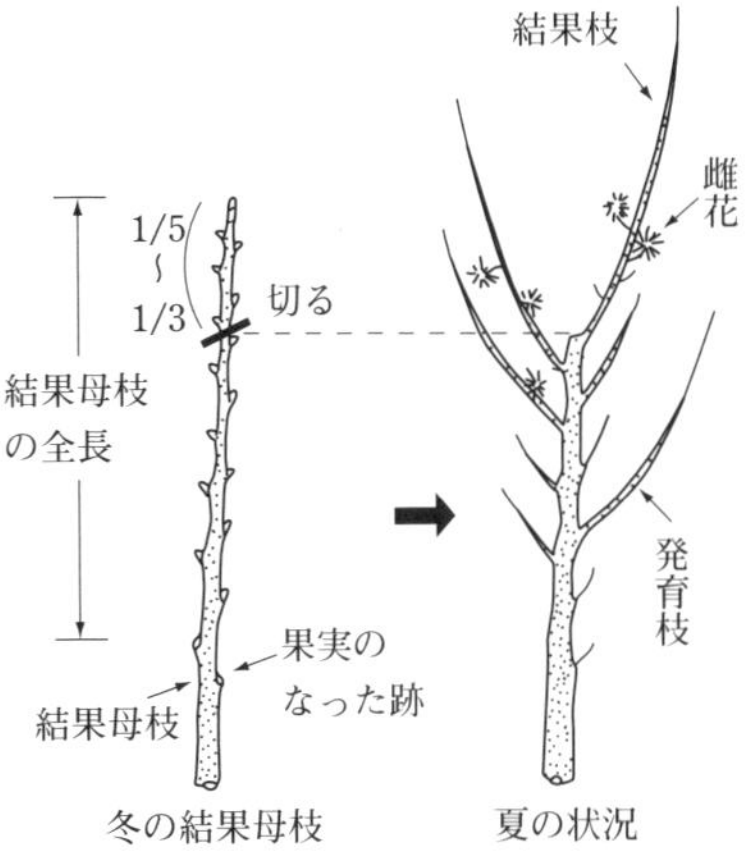

結果母枝を切り返した場合
(結果母枝先端の1/5〜1/3の切り返しなら，雌花数が減らず充実した結果枝が発生する。本文32〜33ページ参照)

クリは結果母枝から新梢＝結果枝が伸びそこに開花結実する。
雌花のつかない新梢は発育枝と呼ぶ

間引きせん定と切返しせん定

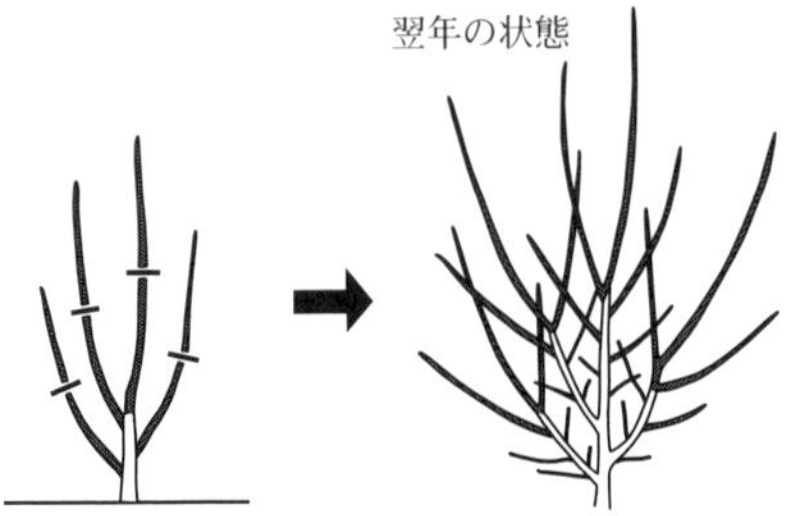

切り返した部位から，より強い新梢を発生させ，樹冠を拡大したいときに用いる

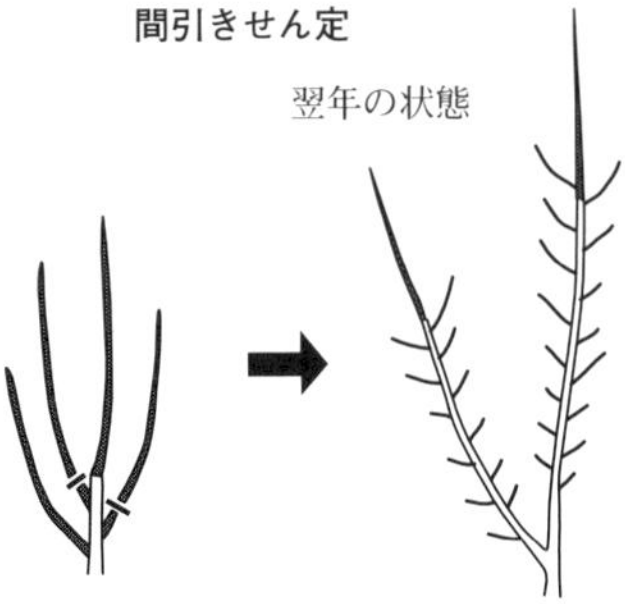

枝が多すぎて，日照条件が悪くなるようなときに，枝の元からせん除する

今年伸長した枝を途中から切りもどすせん定を切返しせん定（切りもどしせん定）といい，元から間引くせん定を間引きせん定という

低樹高仕立ての樹形

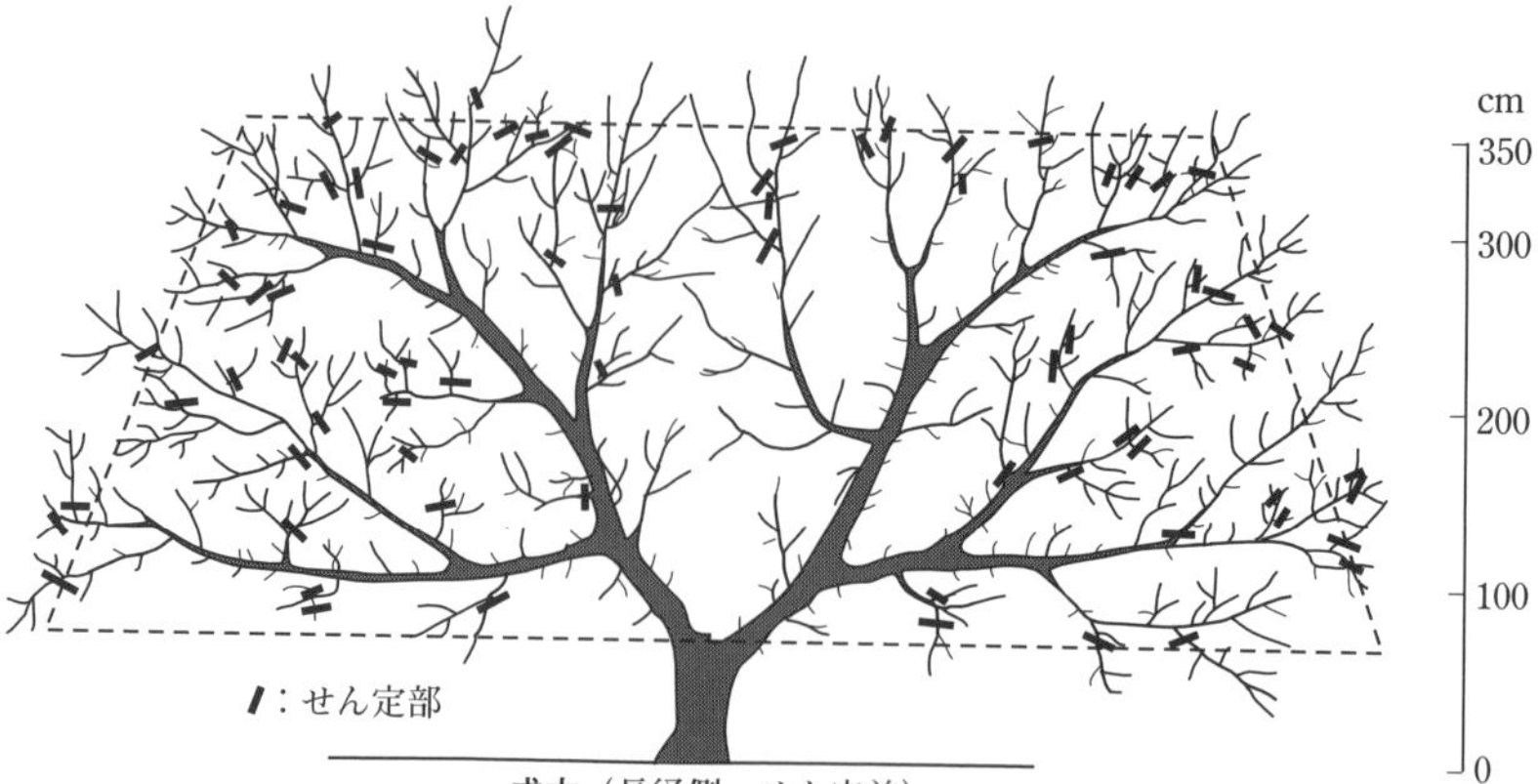

成木（長径側，せん定前）

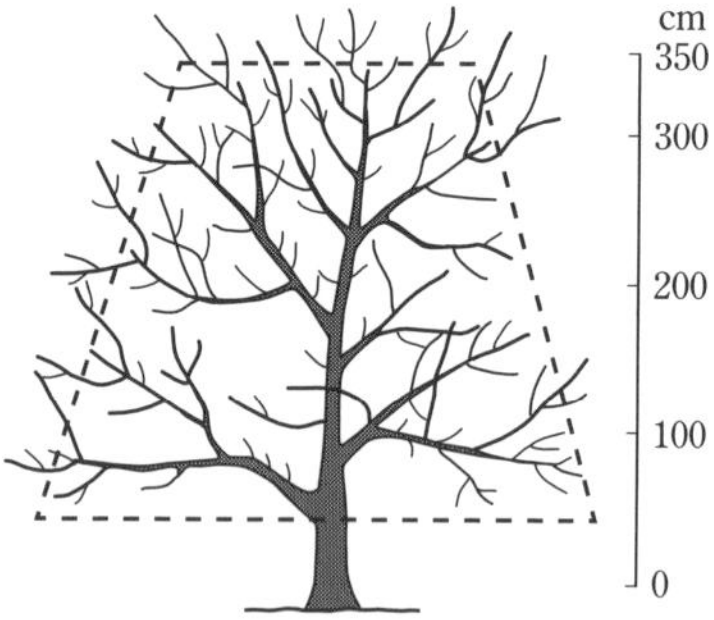

成木（短径側，せん定前）

低樹高仕立ての樹姿（12年生，石鎚）

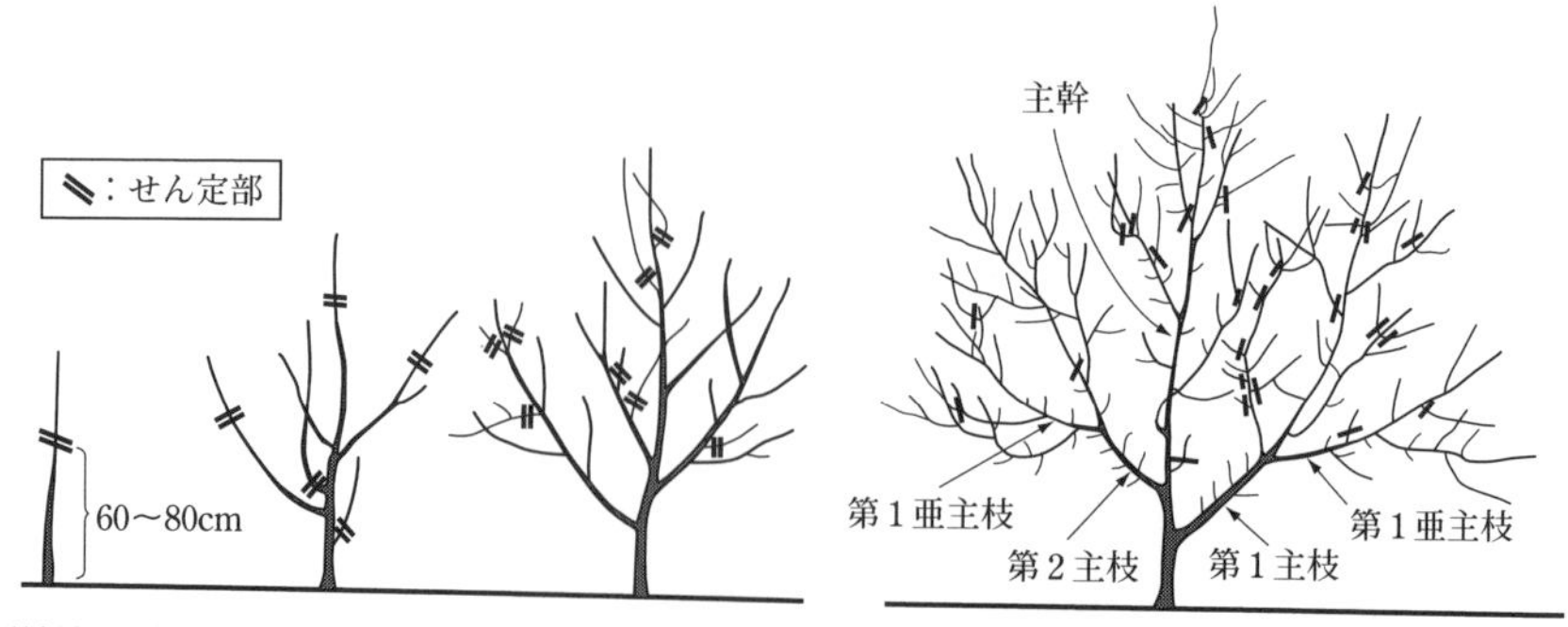

１年目から４～５年目（心抜き前）の仕立て方

1章

あなたのクリ園を診断する

―生産不安定の原因はここに―

過密植になっていませんか？

①自覚はないが過密植園が多い

あらためて、クリ園に入って自分の園はどうなっているか観察してみよう。太い幹だけが八～一〇メートルも伸びていて、枝は先端部にしかついていないない、〝クリ園〟でなく〝クリ林〟になっていないだろうか。

そこまでいかなくても、葉をつけている枝（亜主枝、側枝、結果枝）が地上一メートル以内にあるだろうか。果実がなっている高さ（冬なら去年果実のなっていた高さ）が、地上一メートル以下かどうか調べてみよう。多くの果実が一メートル以上の高いところにあるなら、すでに過密植状態である。

収量が上がらなかったり、害虫や病気の被害が大きいクリ園の多くは過密植が原因になっている。しかも、こうした過密植園がクリ園本来の姿だと錯覚されていることが多く、過密植だということが自覚されていないことが多い。

あなたの園も過密植になっていないか、まずは観察してみよう。

②密植は収量だけでなく樹の寿命も縮める

図1―3は縮伐や間伐を実施しなかった園がどうなっていくのか、典型的な推移をフローチャートにしたものである。縮伐や間伐の時期が遅れれば遅れるほど、早くから過密植になり、樹冠の内部や下

図1―1　過密植で“クリ林”になったクリ園

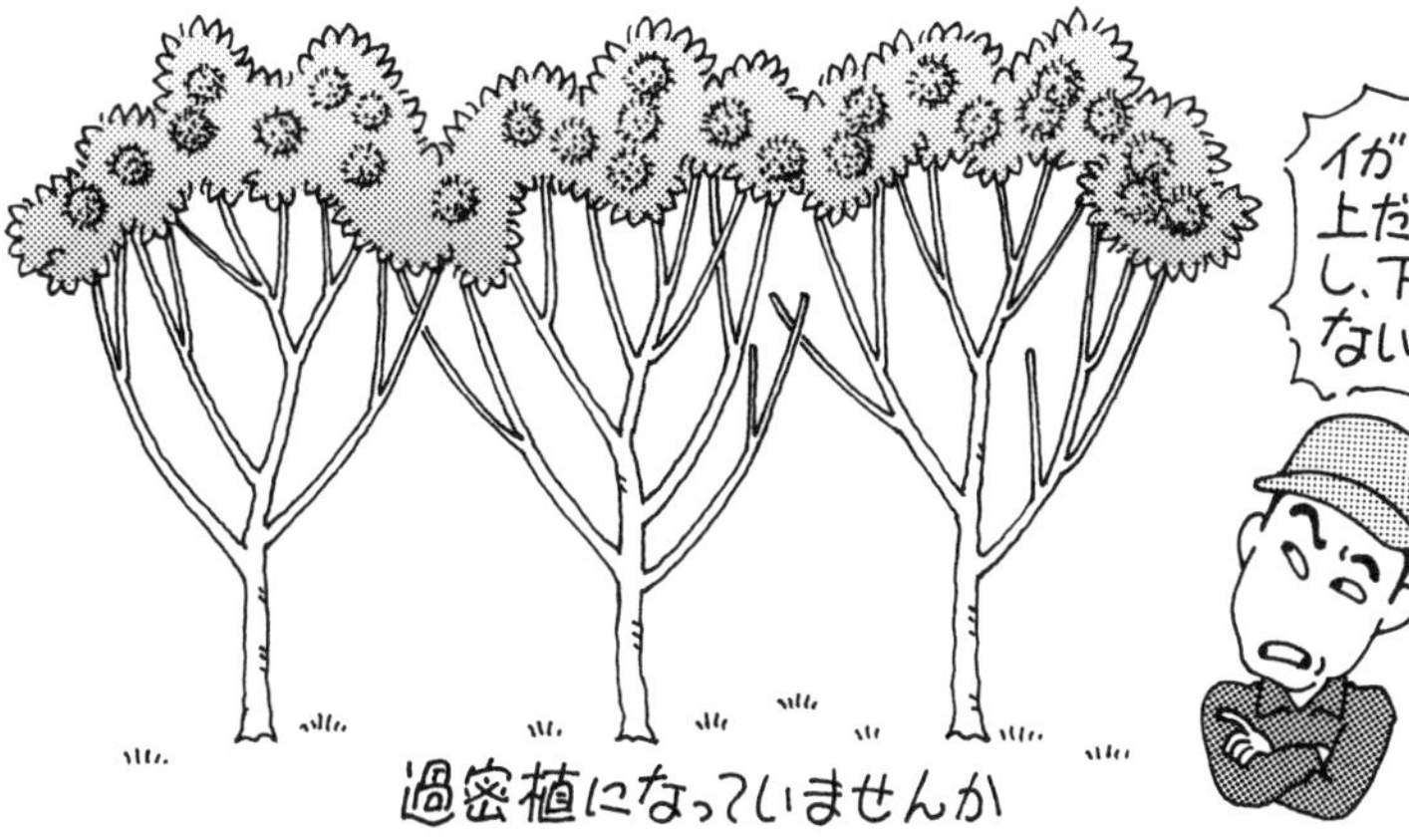
イガ（毬果）は上だけしかないし、下には葉もない！

部への日照量が少なくなり、下枝や内部の枝が枯れ上がり、樹は上へ上へと伸びて林木化していく。

つまり、過密植になると樹の側面からの日照が不足するため、上部からの日照を求めて枝は上に向かって伸びていくのである。また、葉も光の当たる樹の頂部に密生するため、着葉層の厚さはせいぜい頂部から二・五メートルまでの範囲で、二・五メートル以下では光不足のため葉がなくなる。これに対して、葉でつくられた光合成産物の消費・蓄積器官である木部（材積部）は、樹齢を重ねるにつれて増加していく。

こうなってくると、光合成産物が不

図1−2　放任樹

適切なせん定が行なわれないため，樹冠上部に枝が密生し，樹冠内部や下部では日照が不足して枝が枯れ上がっている

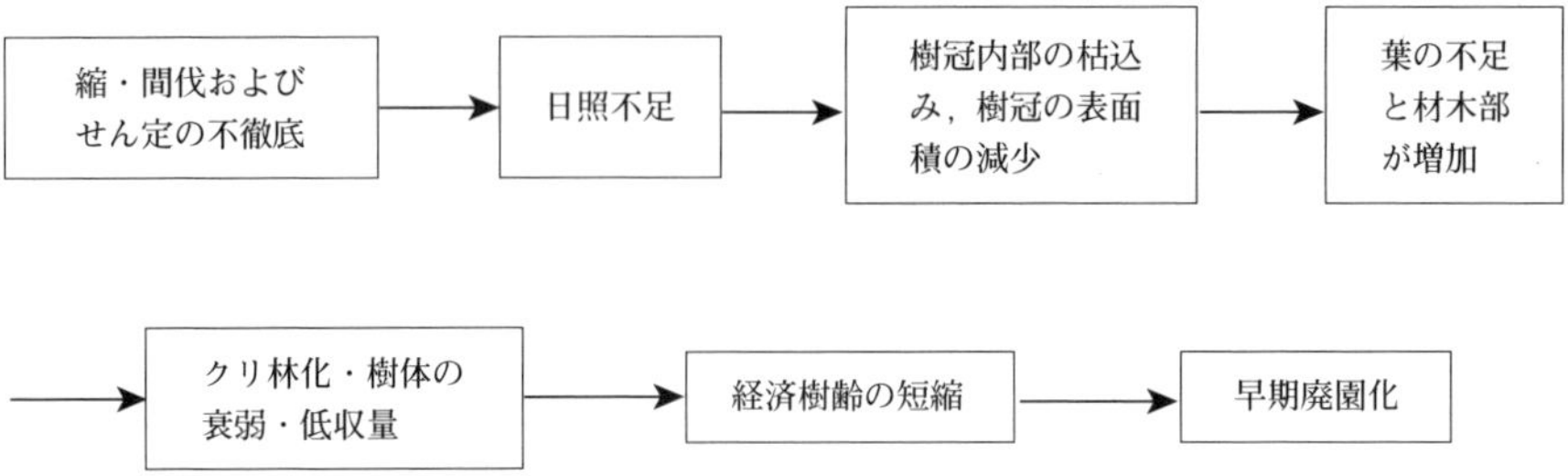

図1―3　縮伐・間伐・せん定の不徹底は樹体の衰弱と低収量の原因に

足するので、充実した新梢を発生させることができなくなり、充実した雌花がつかないので収量が急減する。しかも、それだけでなく、樹勢が衰弱し経済樹齢が一〇〜一五年と短くなる。樹の衰弱と低収量の原因の大部分は過密植にあるのである。

過密植を避けるには、的確な縮伐や間伐の実施が何より優先されなければならない。また、すでに林木化している園では、間伐の実施だけでは十分な効果が現われないので、カットバック＝更新せん定（「一挙更新せん定」（三六ページ）や「計画的漸次更新せん定」（四三ページ））もあわせて実施しなければならない。

樹の内部までよく光が入り、樹姿も開心形で美しいが収量が少ない

コウモリガサを逆さにさしたようになっていませんか？

こうした樹の収量が少ないのは、樹の外周部にはよく果実がなっているが、外周部から内側に入った樹の中心部の果実が少ないためである。

これは、樹高を下げようと心抜きした後によくおちいる失敗である。心抜きにより樹冠内部の日当たりはよくなるが、周囲の枝葉にさえぎられて、イガをつける光の量としては不十分なのである。イガをつけるには一日三〜四時間以上の直射日光が必要なのである。心抜き直後は結果母枝が若干少なくなることは仕方がないが、心抜き二年目以降は側枝や結果母枝を適宜内部にも配置するように心がけなければならない。

したがって、樹の姿は半球形、あるいは半楕円形になるようにすることが大事で、モモの開心形あるいは盃状形のように、樹冠の中心部がくぼんでい

るのはよくない。

なお、葉が十分あるので、樹の活力という点では問題はない。

同じ太さの枝が多くどれが主枝か亜主枝かわからない

図1―5のように、元口（枝元の部分）の直径が三〜五センチの枝が多く、どれが主枝か亜主枝か区別がつかない樹である。ただ、せん定バサミで小枝をせん定しているので、結果母枝の数は適正になっているばあいが多い。

せん定の重要性をそれなりに自覚している人が、おちいりやすい失敗である。結果枝が少なくなることをおそれて、ノコギリをあまり使わず、せん定バサミにたよりすぎているばあいが多い。

樹齢五〜六年までの若木なら収量にはさほど影響しないが、せん定に時間がかかりすぎる欠点がある。そして、樹齢がすすみ樹が大きくなってくるとせん定がむずかしくなるだけでなく、樹の内部や下部が日照不足になり枯れ上がってきて、葉数不足になり収量が上がらなくなる。

こうしないためには、主枝は二〜三本とし、幼木時代から計画的に仕立てることが大切になる。すでに太い枝が多い状態になっているばあいは、下枝の日照条件をよくするため、亜主枝や側枝単位で太枝を思い切って間引くこと、つまりノコギリせん定を行なう（せん定の項参照）。

図1―4　樹の内部まで光が当たるが収量が上がらない樹

図1―5　同じ太さの枝が多く主枝，亜主枝の区別がつかない

樹の内部の弱小枝を切り落としていないか？

樹の内部には果実がならないので、内部には枝や葉がなくともいい、むしろ通風や日照のじゃまになると考えて、弱小枝を切り落としていないだろうか。

クリは主要な果樹のなかで、最も光に対する要求量が大きい。したがって、樹の内部までまんべんなく果実をならせることは困難である。しかし、樹の内部まで枝葉を着けることは非常に大事である。いかに樹の内部が枯れ込まないようにするかが、せん定の重要な目的の一つである。それなのに、内部の弱小枝をわざわざ切り落としている人があるが、これは大きな間違いである。

図1－6　樹冠内部の弱小枝の確保はきわめて重要

樹勢、収量、果実の品質などは、すべて葉の多少に強く影響される。樹冠内部が枯れ込み葉が不足してくると、経済樹齢さえ短くなる。若木であろうと成・老木であろうと、樹冠内部まで十分に葉が着いている樹で、樹勢が衰弱しているものはみかけない。あらためて、園内の樹を観察してみることである。

花は咲いたが実がならない

クリの花は雌雄異花で、近畿地方では六月上中旬ころに開花する。花は花穂で、雌花を持っている花穂を帯雌花穂、雄花のみの花穂を雄花穂と呼んでいる。帯雌花穂は一部で、多くは雌花を持たない雄花穂である。帯雌花穂も花穂の基部に通常一～三個の雌花しかつけず、それ以外はすべて雄花で六〇～九〇個ぐらいつける。これに対し雄花穂は一本の花穂に九〇～一五〇個もの非常に多くの雄花を着ける。

したがって、満開期に樹全体が白く見えるのは、すべて開花している雄花の集団を見ているのである。雌花を見るには一メートル以内に目を近づけて注意深く観察しないとわからない。

花は咲いたが、実がならないということは、雌花がもともと非常に少なかったか、満開日から三〇日後ぐらいの間に落果（花）したと考えられる。

落果（花）はイガアブラムシの吸汁害と、栄養不良による早期の生理的落果（花）のどちらかの原因だと考えられる。早期の生理的落果のばあいは、これが原因でほとんどが落果してしまうことはない。しかし、イガアブラムシのばあいは、多発すると開花後二週間ぐらいでほとんど落果してしまうことがある。開花期には、雌花にイガアブラムシがついていないか注意深く観察することが重要である。発生していたばあいは、イガアブラムシの防除が必要となる（病害虫の項一一二ページ参照）。なお、イガアブラムシが原因のばあいは、生理的落果よりも一週間くらい早くから落ちる。

生理的落果のばあいは、土壌条件、気象条件、せん定の適否などに影響されるので、これらへの対応が大切になる。

イガはできたが八月にほとんど落果してしまう

八月上中旬ころに落果するのは、多くは不受精でまれには受精後の胚の発育不良、そして一部病害虫によるばあいが多い。落果したイガをむいてクリの実を取り出して調べるとよくわかる。

クリの実の鬼皮をむいて、なかの胚が肥大していないで渋皮ばかりのシイナ状態なら、不受精による落果と診断できる。不受精のばあいは、異品種との混植割合が少ないためであ

図1−7　クリの開花
ほとんどが雄花で，ごく一部が雌花

り、混植割合を高める必要がある。このような園では、たとえ着果しても一果グリや二果グリが多く、三果グリが少ない。通常一〇メートル間隔で異品種を植栽することが望ましい。

庭に植えたクリで、二本も植えられないばあいは、一本の主枝に別の品種に接ぎ木してやればよい。接ぎ木はむずかしくないので、巻末付録（2、接ぎ木の方法）を参照してぜひ自分でやっていただきたい。

胚の発育不良は、結果枝の栄養条件のよくないばあい、つまり細く貧弱なときに多い。病害虫ではモモノゴマダラノメイガか実炭そ病が原因である。

八月中旬ころからイガが裂開し青い実が見える

これはイガアブラムシの加害によるものである。

七月中旬〜八月上中旬に加害されるとイガが若ハゼ（熟さないうちに裂開する）するのでよく目立つ。また、八月中下旬に加害されると、収穫直前にイガが褐変〜やや黒変し落果するか、逆にイガの裂開がすすまず収穫が遅れることがある。いずれのばあいも果実が小さく、光沢が少ない。難防除害虫だけに、適期に十分量の薬剤防除が必要である（病害虫の項一一二ページ参照）。

九〜十月に花が咲き小さい実がなった

収穫前ないし収穫直後から、結果枝あるいは不着果枝の先端芽が発芽伸長し、開花あるいは結実することがある。この現象は時々見られるもので、「返り咲き」と呼んでいる。桜の花が秋に咲くことがあるが、これも「返り咲き」である。

クリは、花芽の分化が七月中下旬にすでに完了しているため、秋に発芽伸長（二次伸長）した新梢でも、春と同じように花穂をつけ雌花をつけて伸びてくる。

返り咲きは珍しいものではなく、樹勢の強い若木に発生しやすい。気象的には、夏に降雨が少なく土壌が乾燥し、秋に適度な降雨があり、土壌中のチッソが遅効きした年によくみられる。

返り咲きは好ましい現象ではない。返り咲きした枝は細く貧弱なため、そのまま放置すると、翌年弱い新梢を発生させることになる。落葉前の早めに返り咲き部（二次伸長部）をせん除するのがよい。できなかったばあいは、冬期のせん定時にはかならず元から切り除く必要がある。

若木だが雌花が非常に少ない樹がある

クリは、土壌条件が悪いなどのばあ

いを除けば、植付け後六～七年ぐらいまでは新梢がよく伸び、雌花もよくつけるのがふつうである。とくに、植付け後二～三年目の樹なら新梢が六〇～八〇センチぐらい伸びるのが正常である。しかし、品種によっては、新梢が長いと翌年雌花をつけないものがある。銀寄、出雲、岸根などの在来種や偶発実生の品種、とくに銀寄は新梢が六〇～八〇センチになると、翌年雌花をつけないことが多く、たとえつけてもかなり少ない。また、出雲や岸根は分岐が少なく、徒長的で一本枝になりやすい。これに対し、交配し育種・選抜された品種は、分岐枝を発生し、相応の雌花をつけやすい。

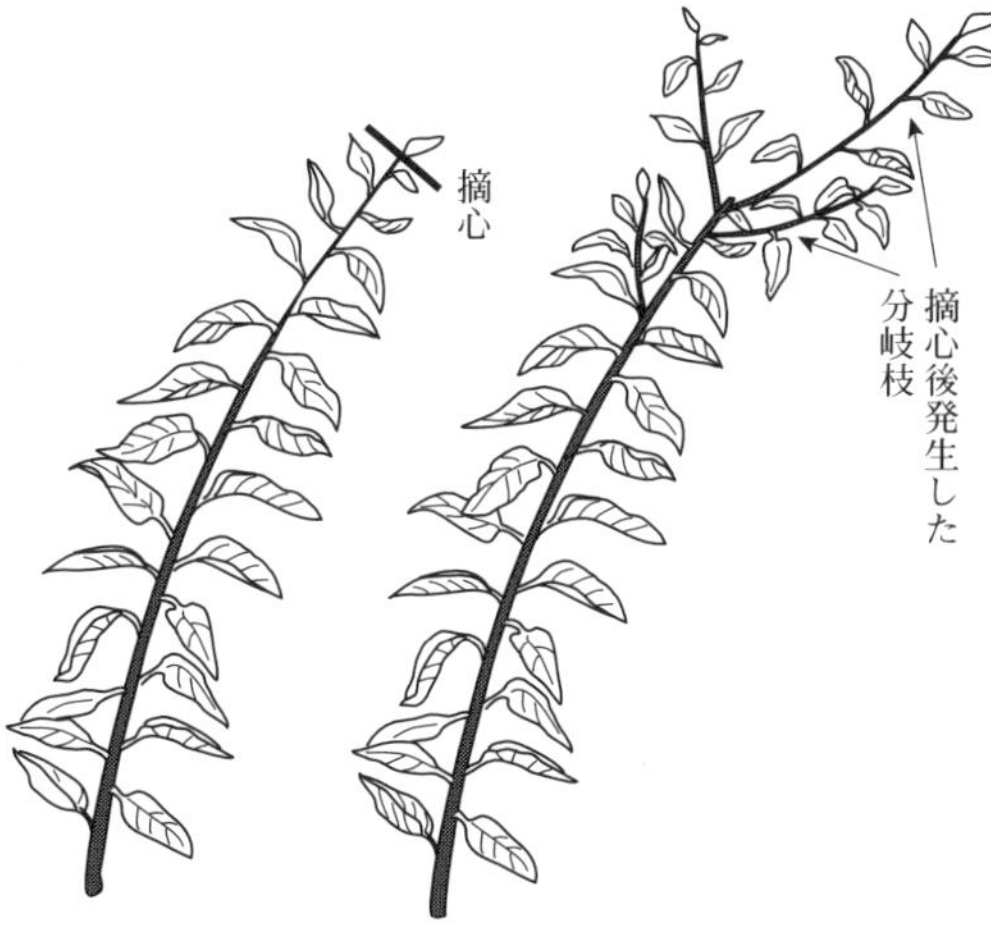

図1－8　6月上旬の摘心

摘心付近から分岐枝が発生し，これらは結果母枝になりやすい

　したがって、銀寄、出雲、岸根などの品種は、幼木であっても新梢伸長が抑えられるよう、チッソ質肥料の施用を大幅に少なくするなどの工夫が大切である。また、五月下旬の段階で旺盛な新梢伸長を示しているばあいは、図1—8のように六月上旬に新梢の先端部を摘心するのがよい。摘心すると、先端部の数芽が再伸長（二次伸長）し始め充実した枝になり、これらの枝のほとんどに翌年雌花をつける。ただし、六月中旬を過ぎてから摘心したのでは、翌年雌花をつけないので注意する。

二～五年生樹で芽立ちが遅く五月中下旬に枯れてしまった

　発芽期は温暖地で四月上中旬、やや寒冷地で四月中下旬である。同一結果母枝の中では、先端の数芽の発芽がやや早いのがふつうである。一樹内での発芽の早晩の差異は二～三日で、その後は一斉に発芽して展葉するのが健全な樹の状態である。

　しかし、植え付けて二～五年目ぐらいの樹に多いが、春先の目立ちがやや遅いうえ発芽のそろいが悪く、枝はサメ肌状になり五月中下旬に枯れてしまうことがある。これは凍寒害によるばあいが多い（凍害の項一〇九ページ参照)。

　凍害樹は、キクイムシに加害されやすく、これによってよりいっそう樹の衰弱・枯死が助長される。四月中下旬から五月初旬の間は、枝や幹の状態を注意深くみまわり、キクイムシを発見すれば、ただちに防除することはもちろんのこと、被害が明らかなばあいは強いカットバック=更新せん定を行なう。早期に対応すると、かなり枯死を防ぐことができる。なお、キクイムシは樹勢の衰弱樹など、何らかの障害を受けた樹で発生し、健全樹には発生しない。

五年目までは樹勢がよかったが六年目から急に衰弱した

　若木で急激に樹勢が衰弱するケースとしては、カミキリムシ、カシワスカシバ、コウモリガなどの枝幹害虫による被害か、土壌に起因するばあいが考えられる。

　枝幹害虫の加害がないばあいは、まずは樹冠下を掘ってみることである。地表下二〇～三〇センチで土が硬くてスコップで掘りにくいようなら、機械で五〇センチ以上深耕する必要がある。スコップで掘りにくいような土壌は、ち密度（土の硬さ）がおよそ二三ミリ／キロ（土壌の硬度計の測定値）以上になっており、硬くてクリの根は進入できないのである。

　また、地表下四〇～五〇センチ以上まで掘れても、降雨後は半日以上水がたまり、排水できないばあいは排水対策をしなければならない。

図1―9　耕土が浅く急激に衰弱した6年生樹

根の深さは土表下25cmまでしかなかった

　早期に樹勢を回復させるには、前述の対策とともに、やや軽めの更新せん定を行なうと、翌年から明らかな効果が期待できる。

枝幹害虫が原因ばあいは、害虫の項を参照して防除対策を立てる。

幹や太枝の分岐部、切り口から木クズや虫ふんが出ている

これはカミキリムシ、カシワスカシバ、コウモリガなどの枝幹害虫の加害によるものである。対応が遅れると、樹勢が衰弱するとともに枯死に至る。

クリは枝幹害虫に非常に加害されやすく、この面での対応はきわめて重要で、せん定、縮伐、間伐とともに手抜きのできない最も重要な作業の一つである。

また、この対策は幼木の時から重視して行なっておくと、被害もほとんどなく少ない労力で抑えることができる。しかし、その反面、長年手抜きしていると、大きな被害を受けるだけでなく、被害が出なくなるようにするには多大の労力が必要となる（病害虫の項一一四ページ、防除暦一二七ページ参照）。

毎年夏場に二～三回モモノゴマダラノメイガの防除をしているが被害果が多い

モモノゴマダラノメイガは、毬果に穴をあけ、白色の糸でつづった粒状の虫ふんや食べくずを外に排出しながら加害するクリ果実の重要害虫であり、多少の被害を受けることは避けられないが、適期に適量を散布すると、発生の多い年でもさほど大きな被害を受けることはない。

二～三回防除しても被害果が多いというのは、まず適期に防除できていないことが考えられる。防除の適期は、品種や地域でちがうのでタイミングをまちがえたのでは効果はない。次に、適量散布が行なわれていなかったり、林木化した高木園では薬剤が届かなかったりで被害を大きくしていることが考えられる。

まずは、効果的な防除ができるような低樹高の園に改善すること、そして防除時期、薬剤量を点検することが大切である（病害虫の項一一七ページ、防除暦一二七ページ参照）。

収穫クリにビニールをかけて納屋に置いたら一～二日で食べられなくなった

高温期のクリ収穫果は取扱いが悪いと、一～二日で果肉のデンプンが酵素によって変性したり、微生物によって変質腐敗するので、他の果物以上に日持ちが悪い。しかも、収穫直後のクリは呼吸量が非常に高く、呼吸熱によっても果実温度が上昇するので、注意が必要である。

また、乾燥条件では水分の消失が非常に早いため、果実重が減少する。と

クリの実は生きている。暑さと酸素不足に弱い!!

いって、ビニール袋にクリを入れて外気とのガス交換を妨げたり、堆積したクリをビニールで覆ったりすると乾燥は防げるが、クリ果実は酸素不足となり無気呼吸をし始め、一挙に果肉のデンプンが変質する。このようなクリは実炭そ病果と同じく、苦みがあるうえ異臭を発し、いわゆる蒸れた状態になっている。

対応としては、とくに早生種の収穫は早朝の気温の低いうちに行なうこと、拾集した果実はできるだけ冷涼な場所で放熱に努めること、気温が二七〜二八℃以上のときは毎日または一日おきに収穫すること、樹上で成熟して自然落下した毬果や熟毬果を収拾し未熟果は避けることである。またいずれのばあいも早期出荷するか、冷蔵貯蔵する必要がある（収穫の項九二ページ参照）。

2 章

せん定と樹形改造

1、毎年安定してならせるためのせん定

収量の差はせん定で決まる

クリで毎年安定して高品質の果実をたくさんとるには、的確な整枝・せん定と適正な樹冠間隔の維持が不可欠である。おそらく、せん定と樹冠間隔がこれほど生産性に大きく影響する果樹はほかにないだろう。

実際、収量や品質はせん定の適否によって大きく異なる。毎年、大果の高品質果実を一〇アール五〇〇キロ以上生産する人から一〇〇～二〇〇キロ程度しか生産できない人までその差はきわめて大きいが、これはせん定のよしあしによる差である。せん定の良否でここまで差のでる果樹はほかにない。

しかし、せん定をむずかしく考える必要はない。適正な樹冠間隔と着果をはかるための日射要求量が明らかになった（八三～八八ページ参照）現在では、むしろ他の果樹よりやさしいといえる。以下に述べるコツをつかみさえすれば、誰にでも簡単にでき、多収を上げることができる。

クリのせん定のポイントは二つ

①下枝の確保はドル箱の確保

クリの日射要求量は非常に大きく、直射光線を受けるところでないと着果することができない。直射光線を受けることのできるのは樹冠の表面に限られるので、樹冠内部に果実がつかないのはこのためである。

したがって、一本の樹で最高の収量を上げる必要条件は、いかなる樹形であっても、直射光線が当たる部分を多くすることである。つまり、「樹冠の頂部から地表面すれすれまで直射光線が当たるようにすること」である。それによって、「樹冠の頂部から地表面すれすれまで果実がつき」、果実がなる面積が最大になり、最高の収量を上げることができるのである。

ただし、地表面近くまで着果させると、草刈りなどの作業に支障をきたすので、収穫段階での最下部の着果の高さはいくらがよいのか、さらに農業機械の大きさなど個々の経営条件の中で決めるのがよい。

いずれにしても、樹冠の下枝まで着果させることは収量を高めるための必

要条件で、下枝の確保はドル箱の確保ということになる。したがって、下枝をいかに確保し直射光線が当たるようにするかが、せん定の第一のポイントになる。

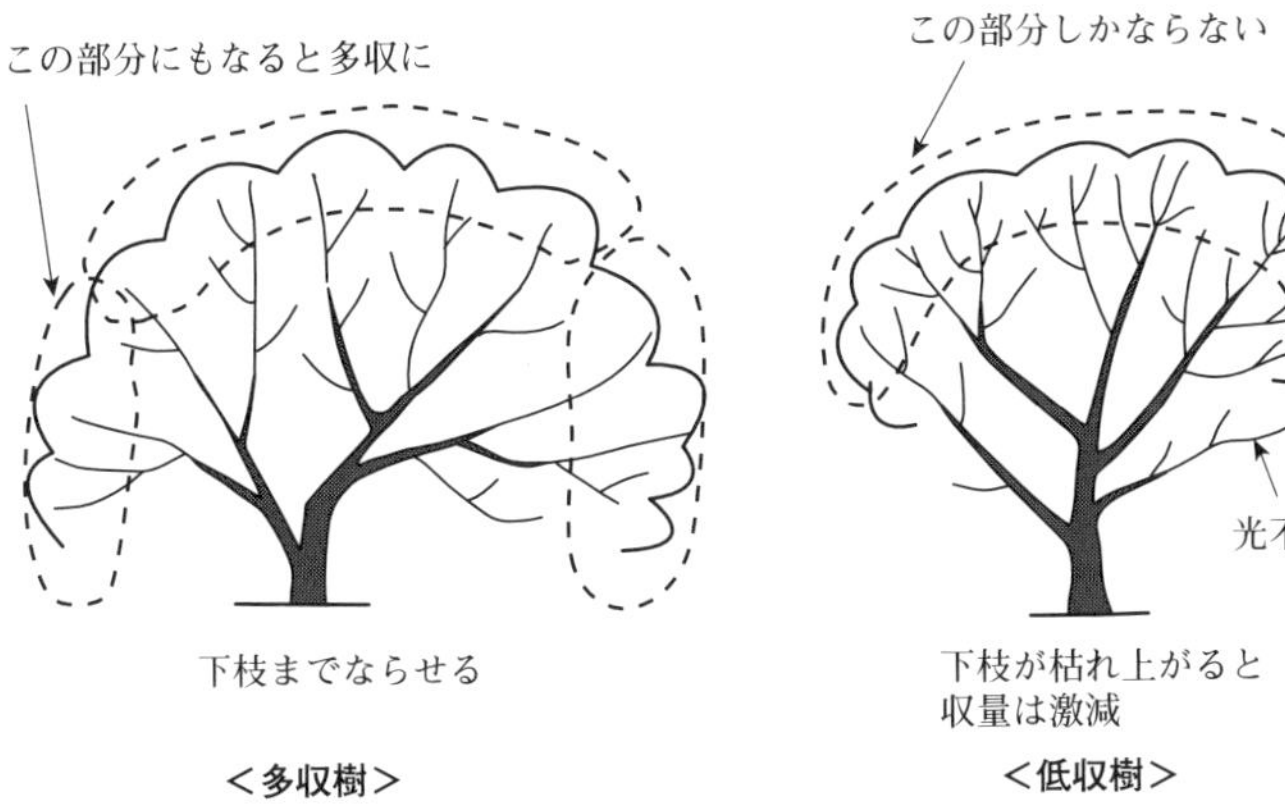
この部分にもなると多収に
下枝までならせる
＜多収樹＞
この部分しかならない
光不足
下枝が枯れ上がると
収量は激減
＜低収樹＞

図2—1　多収するには下枝までならせることが条件

②樹冠間隔を十分にとる

樹と樹の間隔が狭く、樹冠間隔が十分とれないようでは、いくらていねいにせん定をしても、樹は立ち上がり、樹冠下部どころか樹冠測面にも着果しない。着果部位は樹冠上頂部のみになり、着果面は平面的となり着果面積が激減し、当然収量は上がらない。

さらに、樹冠側面や下部は日当たりが悪いので葉数が激減し、側枝、結果母枝、結果枝の弱体化など樹勢も衰弱する。着果面積の減少に加えて、樹勢も衰弱するので収量は激減するとともに果実は小さくなる。

クリは狭い樹冠間隔では、「いくら頑張ってせん定してもみるべき成果を上げることができない」と断言できる。

クリのせん定にあたっては、まず十分

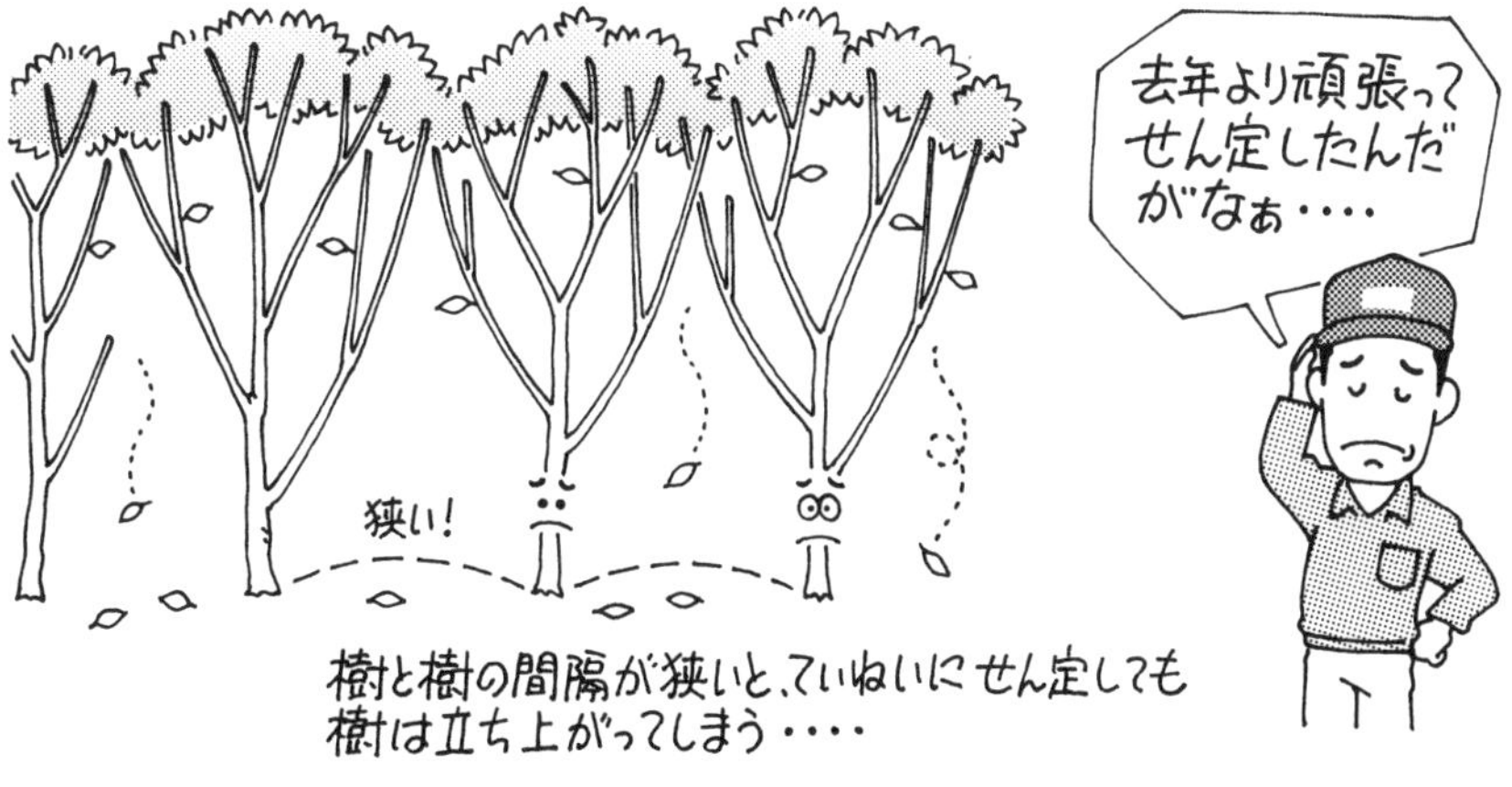
去年より頑張ってせん定したんだがなぁ‥‥
狭い！
樹と樹の間隔が狭いと、ていねいにせん定しても樹は立ち上がってしまう‥‥

図2—2　まず隣接樹と所定の間隔を空けるため，間伐予定樹の太枝を切る
//は切断部位

な樹冠間隔をとることから始めなければならない。

せん定をやさしく楽しくするためのコツ

①個々の樹のせん定はあとまわし、まずは園地内の空間確保から

クリは光に対する要求量が非常に大きく、主要な果樹のなかで一番目にランクされる。また、クリは本来高木性で年間の生長量が大きいため、わずか一年縮伐や間伐が遅れるだけでもその損失は大きく、その年に伸長した新梢の長さと同じ程度の下枝が枯れ上がる。ましてや、三〜四年も縮・間伐が遅れると、取り返しがつかず、園は林木化するのがふつうである。

したがって、いくら個々の樹をていねいにせん定することができたとしても、隣接樹との樹冠間隔が狭いと樹の内部が日照不足になるので、下枝が枯れ込み、みるべき成果は上がらない。個々の樹のせん定はあとまわしにし、まずは隣接樹と所定の樹冠間隔がとれるよう、機械的にせん定ノコを使って図2—2のように大きく切り込む（縮伐）ことが優先される（六八ページ参照）。こうすると、せん定に要する時間が少なくなるだけでなく、個々の樹のせん定に多少問題があってもたいした損失にならない。

なお、樹冠間隔が十分とれないのは、間伐が必要なばあいがほとんどなので、間伐する樹を決めて、その樹の枝を縮伐するとよい。

②せん定道具の使い方にも順番がある

園地の空間が確保できたら、個々の樹のせん定に移る。個々の樹でもまずはせん定ノコを使用する。樹冠の周り

ノコギリ → 太枝が切れる高枝切りバサミ → せん定バサミ

せん定道具の使い方にも順番がある

を回りながら、ノコギリで切るべき太枝がないか見ることである。最初はせん定バサミを使ってはならない。最初からハサミを使うと、せん定時間が多くかかるうえ、不必要な太枝を残したままの小手先のせん定になりやすい。

ノコギリによる太枝のせん定が終わったら、次は直径三～四センチぐらいの側枝を太枝が切れる高枝切りバサミを用いて間引き、最後にせん定バサミで仕上げるのである。

この順番を守ることは非常に大事であるが、実行している人は少ない。まず、せん定バサミでは切れない太い枝や側枝を間引くことはきわめて重要なことなので、必ず行なう。毎年的確にせん定していても、一年後のせん定時にはかなりの太枝を間引かなければならないことが多い。間引く太枝や側枝が見つからないということは、せん定技術がまだ未熟だと考えてもよいぐらいである。

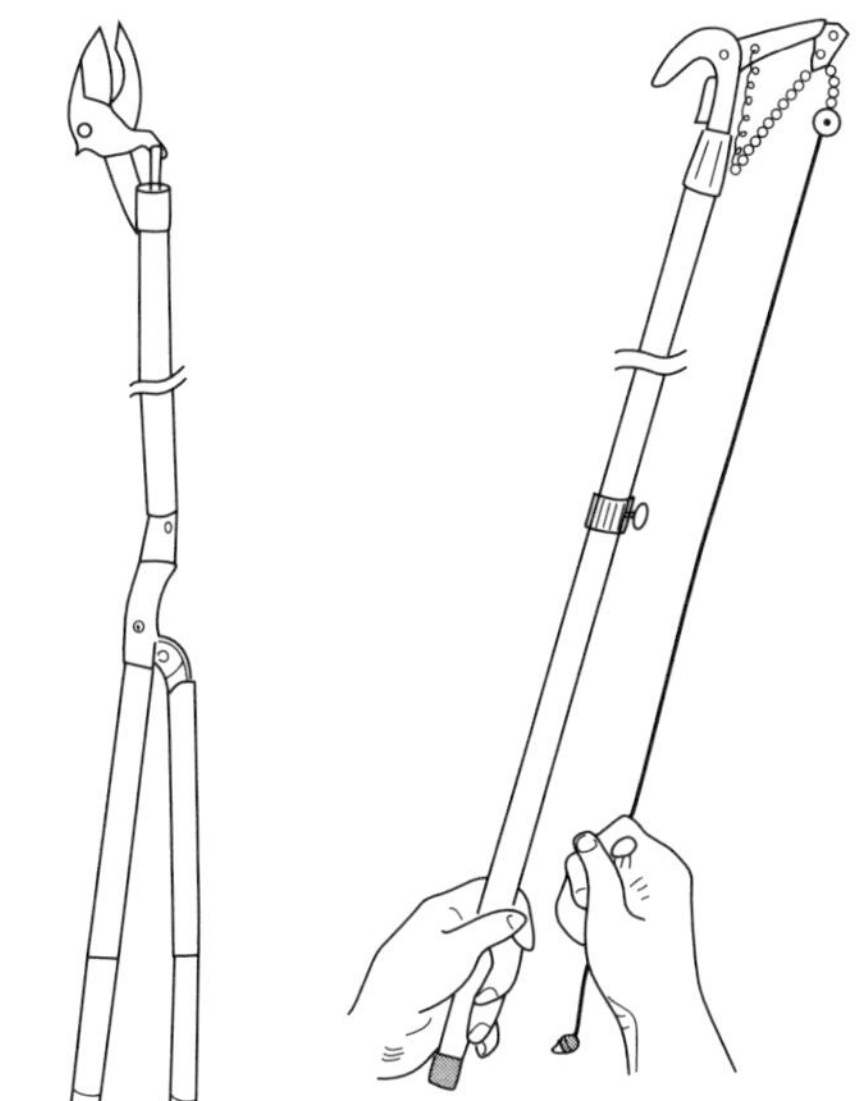

直径 4cm まで切れる（商品名：太丸）　直径 2.5cm まで切れる

図2－3　高枝切りバサミ

③「どの枝を切るか」と考えるとむずかしい

・切る枝より、残す枝を決めるとせん定しやすい

せん定に当たって「どの枝切ろうか?」、と考えるとせん定がむずかしくなる。逆に、「どの枝を残すのか?」「大事な枝はどれか?」と考えるとやりやすくなる。そして大切なことは、下枝から残す枝、大事な枝を決めるようにすることである。さらに、主枝―亜主枝―側枝―結果母枝と、太い枝か

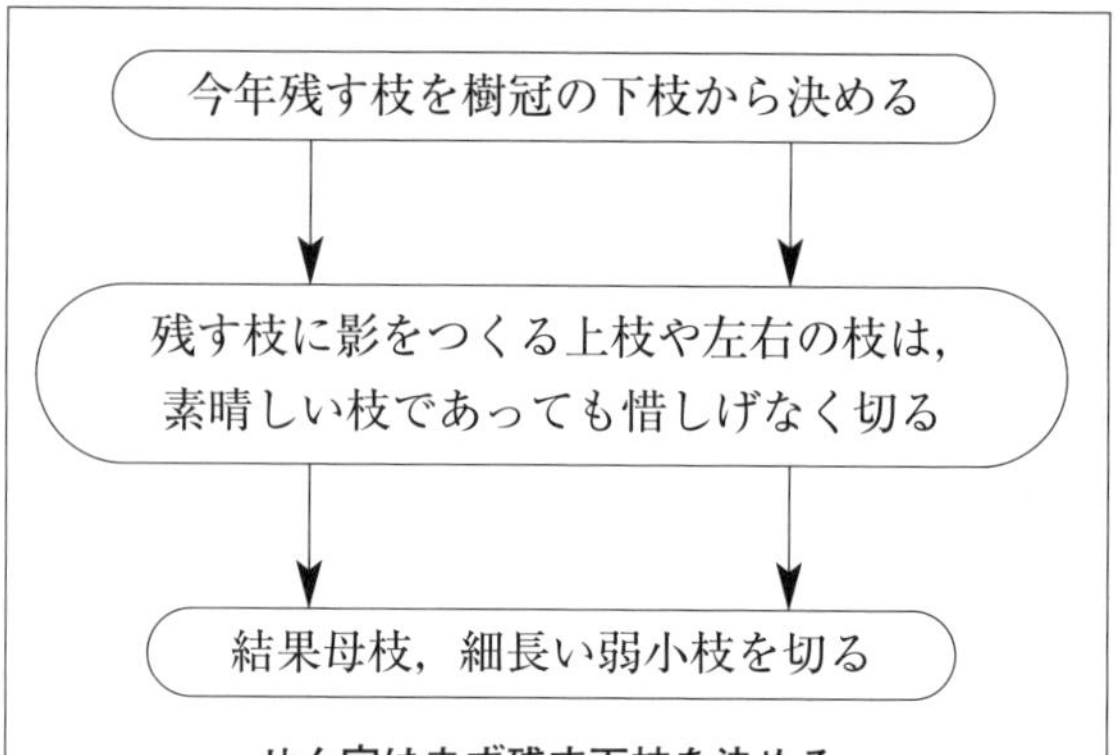
今年残す枝を樹冠の下枝から決める
残す枝に影をつくる上枝や左右の枝は，
素晴しい枝であっても惜しげなく切る
結果母枝，細長い弱小枝を切る
せん定はまず残す下枝を決める

ら細い枝の順に決めるようにする。

この考え方は、幼木、若木、成木、老木に関係なくすべてにあてはまる。せん定に迷ったときは必ずこの考えを思い起こしてほしい。残す枝は下枝から、そして太い枝から細い枝の順に決めるのである。

・残す下枝を日陰にする枝はすべて切る

まず、残すべき最初の下枝を決める。決めたら、この下枝に対し日当たりの面からじゃましている枝は、いくらすばらしい枝であってもちゅうちょせずに切ることである。これまでも強調したように、下枝の確保は樹高を抑え、収量を高めるうえできわめて大事なことである。切るべき枝は残す枝の上部か、両隣の枝になるはずである。

通常、切るべき上部の枝は残す下部の枝よりも充実していることが多い。しかし、これらの枝を迷わずに切り落とすか、または切り縮めることが重要で、これが切れて初めてせん定がわかってきたということになる。

残した下枝は多少貧弱であっても、日当たりがよくなるので、その年のうちに充実してくる。

なお、残す枝はその上部の枝よりも、いかなるばあいも必ず外に張り出していなければならない。

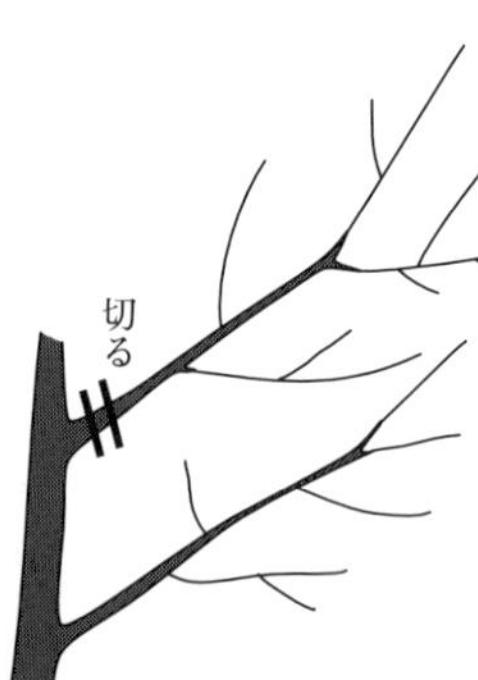
切る
図2－4　日陰にする枝はすべて切る

次に、これと同じ考え方で、隣の残すべき下枝を決めてせん定していき、樹冠を一周し終えると、今度はさらに上部の残すべき枝を決め、同じようにせん定していく。

・仕上げせん定

最後に、結果母枝を間引いた後（六四ページ）樹冠内部のひょろひょろとした細長い枝を間引くか、付近に弱小枝がないばあいは切り縮めてせん定が終わる。

④樹高は機械的に三・五メートル以下に

樹高制限については、樹高三・五メートル以上の枝はすべてそれ以下になるよう、分岐部単位で枝を間引き切り下げる（五九ページ参照）。

三・五メートルというのは、①クリの生理生態的特性からみて、樹高三・五メートルくらいまでなら制限が可能である、②他の主要果樹なみに比較的容易に薬剤散布ができる、などの点から設定したが、結果的にもＯＫであった。

図2−5　側枝が多すぎて内部が空洞化

側枝は樹冠占有面積$1m^2$当たり2～3本でよい

こんな枝はこう切ろう

①主枝は植付け一年後のせん定で決める

慣行のクリ栽培では、幼木の間は主枝を決めず、せん定も軽くし四～五年たってから主枝を決めるのがよいとされてきた。しかし、せん定をやさしくするには、植付け一年後の初めての冬期せん定で決めるのがよい。

主枝数は樹形でちがうが、半楕円体（ラグビーボールを半分に切断したような形）は主枝二本、半偏円頭形（やや横に長い半球体）は三～四本とする（五一ページ参照）。こうすると始めから主枝が決まり、しかも主枝数が少ないため、その後のせん定がやさしくなる。まず、同じところから発生している枝は避け斜立度、方向を優先し、次に太さと長さを考慮して第一主枝を決める。次にこれと同じ考え方で第二主枝、第三主枝を決める。主枝間隔は一〇センチぐらいがよい。主枝以外の枝は、一〇～二〇センチ内外の弱小枝は残し、それ以外は枝元から切り落として間引く（主枝のとり方とせん定は五七ページ参照）。

幼木段階といえども、主枝以外の枝を惜しんで間引かずに残すと、翌年に

樹冠の真上からみた投影面積のこと

図2—6　樹冠占有面積

はよりいっそう間引くのが惜しくなり切れなくなる。二〜三年もすると、樹形が乱れてくるとともに、せん定もむずかしくなる。

②側枝は多すぎないように

幼木期から若木期で多くの人がおちいりやすい間違いは、結果枝を発生させる結果母枝の間引きはするが、結果母枝が着いている側枝をあまり間引かないことである。このようなせん定を二〜三年も続けていくと、同じ枝齢の枝が多くなり、たとえ主枝が二〜三本であっても樹冠内部の日当たりが悪くなり、枝や葉がなくなってくる。このような樹では、思い切った側枝の間引きはもちろんのこと、ばあいによっては亜主枝の間引き、あるいは縮小が必要である（図1—5一七ページおよび次項「結果母枝、側枝の取扱い」図2—9、2—10参照。

なお、樹冠占有面積（樹冠の真上からみた投影面積、図2—6）一平方メートル当たりの側枝数は二〜三本、結果母枝数は六〜八本でよい。

③結果母枝、側枝の取扱い

・結果母枝の切返し

クリの雄花は前年の夏に分化するが、雌花は当年の発芽期前後に分化し、結果母枝の先端から三〜四芽の栄養条件のよい芽で分化・形成される。したがって、冬季に結果母枝を強く切り返すと、雌花ができず果実がつかない。

しかし、結果母枝の前年のなり跡から先端までを全長として、先端から五分の一〜三分の一の弱い切返しなら雌花の着生を減少させずに、生理落果も少なく、若干大きい果実をならせることができる。

ただし、この結果母枝の切返しせん定は、幼木期の樹冠の小さいときならできるが、樹冠が大きくなると、労力的に困難となりあまり行なわれない。

・二年生側枝での結果母枝の間引きせん定

結果枝、結果母枝をもった二年生以上の枝を側枝と呼び、冬には結果母枝あるいは側枝ごとの間引きせん定が重要となる。

無せん定で放置すると、日当たりが悪くなるだけでなく、栄養分が多くの枝に分散する。このため、新梢の伸長が抑えられ、貧弱な結果枝となり、雌花のつきも少なくなる。こうなると、翌年はほとんど結果枝を発生しない。
二年生側枝では、せん定後二～三本の結果母枝が残れば十分で、その他の枝は元から間引く。ただし、五～一〇センチ前後の弱い小枝は切らずに大切に残す。小枝には実がならないが、樹勢を維持していくのに大きな役割を果たす。

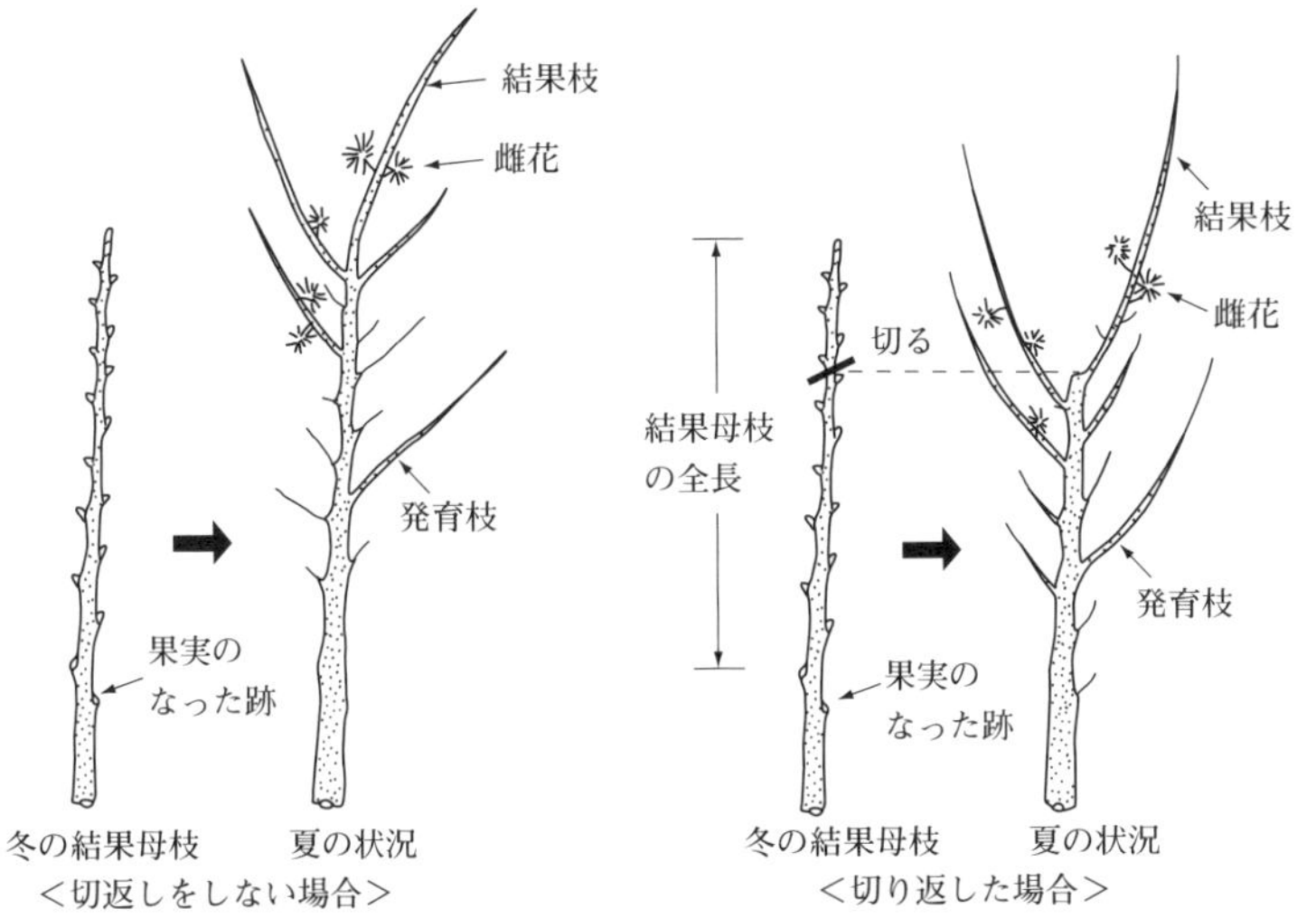

図2—7　結果母枝の切返しの有無と結果枝の発生状況

なり跡から先端までを全長として，先端から1/5～1/3の切返しなら，着果数が減らずに充実した結果枝が発生する

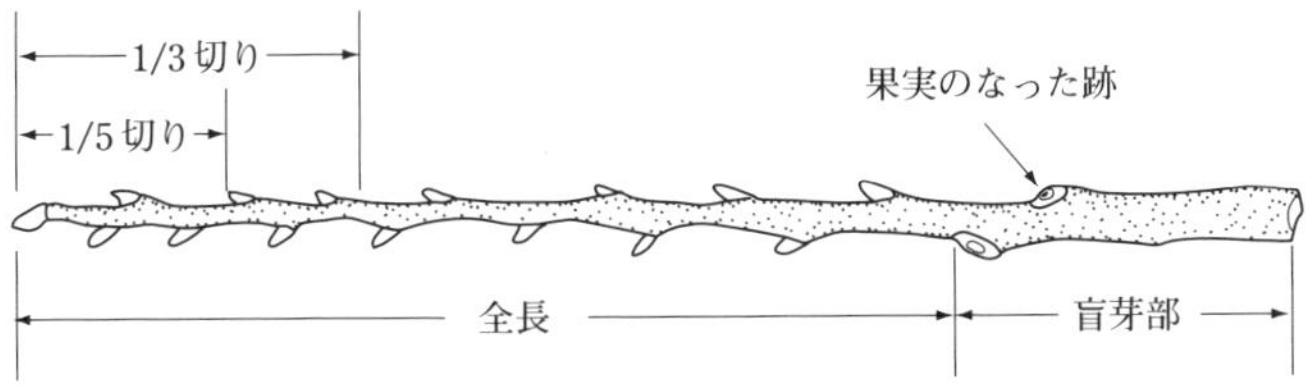

図2—8　好適な結果母枝の切返し程度

残す枝は、上下左右の枝の日当たりをよくすることを最重視し、枝の方向と間隔から決める。いくら太く充実した結果母枝であっても、方向が悪ければ迷わず間引く。

結果母枝を間引いても、まだ下枝の日当たりを悪くしているときは、側枝ごと基部から間引く（図2—9参照）。

・三年生側枝での間引きせん定

二年生側枝の結果母枝を的確に間引いておくと、春から充実した新梢が発生し、側枝そのものが太く充実する。

三年生側枝での間引きは、二年生側枝を二～三本程度残すことを目安に、その他は二年生側枝と同様に行なえばよい。

なお、側枝の更新は二～四年くらい

が目安になるが、一概にいえないので枝の込み具合や充実度により判断する。

④心抜き後も整枝に注意

適期に心抜きを実施しても、その後の整枝・せん定がまずいと、樹の内部が枯れ込む。心抜きを実施すると、樹冠中心部の枝葉がなくなるため、その部分の日当たりがよくなる。そのため、外に張り出している主枝の先端部が内側に湾曲し、樹冠上頂部を覆うようになりやすい。こうならないよう、主枝や亜主枝の先端部は外に張り出していくよう、内側に向かっている枝は早めにせん除する必要がある。

樹冠中心部への枝の配置は、主枝や亜主枝から派生している地上二～三・

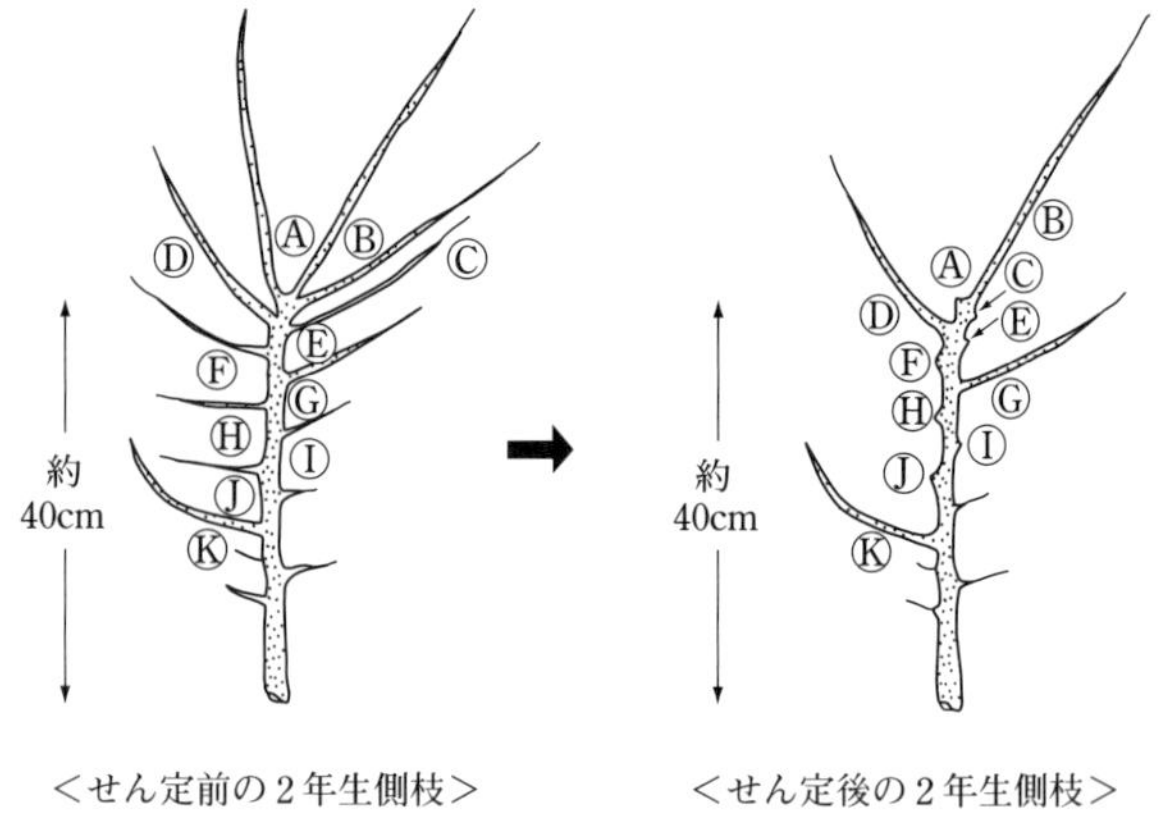

図2―9　2年生側枝での結果母枝の間引きせん定

Ⓑの結果母枝を残すならⒼ, Ⓚの枝を残す。逆にⒶの母枝を残すなら，Ⓖ, ⓀまたはⒺ, Ⓚを残す
残す枝は上下左右の枝の配置から，光条件がよくなることを最重視して決める。側枝の質や結果母枝の質はあまり考慮しない

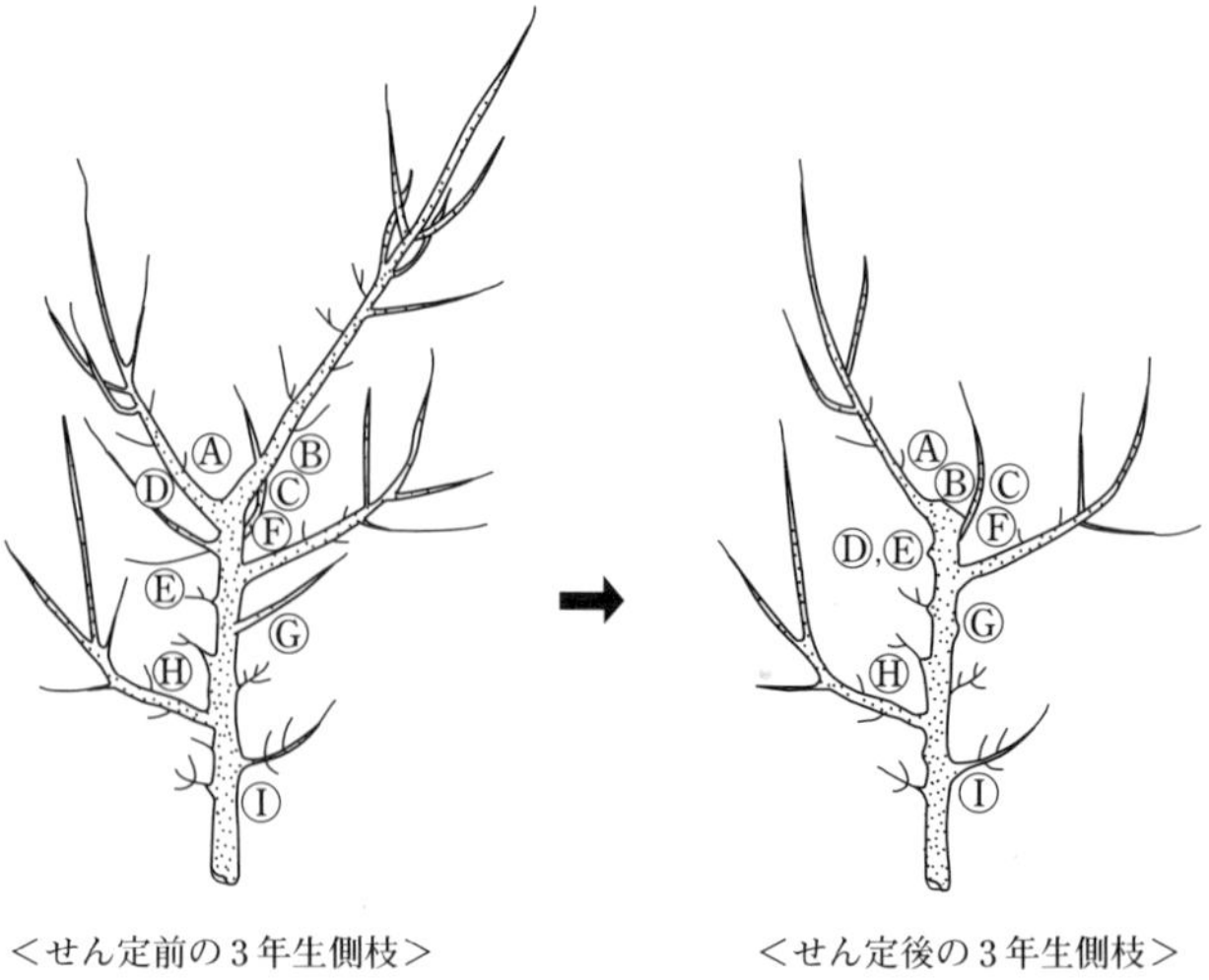

図2―10　3年生側枝での間引きせん定

Ⓐの枝を残すなら，Ⓒ, Ⓕ, Ⓗ,Ⓘの枝を残す。逆にⒷの枝を残すなら，Ⓓ, Ⓗ, ⒾまたはⒶ, Ⓗ, Ⓘを残す
残す枝考え方は図2―9と同じ

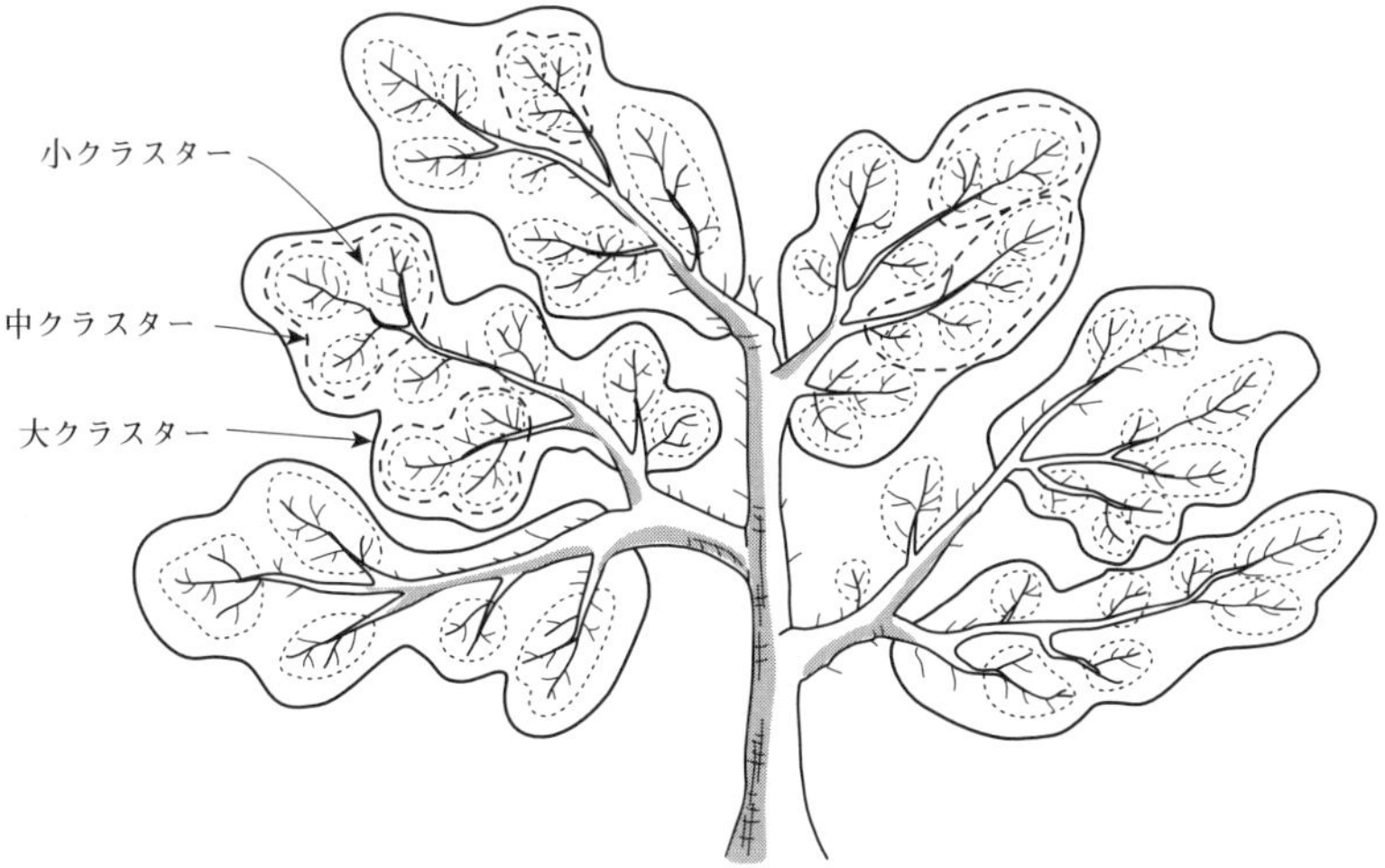

図2―11　せん定樹におけるクラスター（葉群）構造

五メートルの側枝で構成する。ただ、これら樹冠中心部付近の側枝だけは、逆向枝あるいは直立枝に近い枝も混ざることになる（六一ページ図3―11、六二ページ図3―13参照）。

⑤枝は外に張り出すようにする

樹冠頂部付近の側枝、結果母枝以外の枝は、主枝、亜主枝、側枝、結果母枝のいずれの枝も、外に張り出している枝で構成することが肝要である。つまり、逆向枝、細長い一～二年生枝は間引き、下垂枝は上向き枝になるよう修正せん定するか、枝元からせん除する（六二ページ図3―13、六四ページ図3―14参照）。

⑥結果母枝の数にこだわってはいけない

前述したように樹冠占有面積当たりの適正な結果母枝数は、品種によって異なるが、通常一平方メートル当たり六～八本である（三二ページ）。しかしこの本数にこだわり、受光条件からみて切るべき太枝や側枝を切らずに残すことは禁物である。切るべき太枝や側枝を切った後、結果母枝が一平方メートル当たり六～八本以上あるばあいのみ、六～八本になるようせん除する。

つまり、六～八本は上限で、切るべき太枝を切った後、残った結果母枝が一平方メートル当たり三～四本になっても、それは仕方がない。たとえ、三～四本でも適正な樹冠間隔があれば一〇アール当たり三〇〇～四〇〇キロの収量となる。切るべき枝を切っていくと、翌年あるいは翌々年には一平方メートル当たり六～八本の結果母枝がおけるようになる。

⑦クラスター（葉群）構造によって受光態勢をよくしよう

一本の樹全体に光がまんべんなく当たるように、受光態勢をよくするには、まずは樹冠の下枝を上枝よりも外に張り出させることである。次に、図２―11のように大、中、小のクラスターをつくり、いかに大、中、小の空間をつくるかである。

つまり、的確に整枝・せん定をすると、樹冠内の個々の葉は小さくまとまり（小クラスター：結果母枝の小集団）、これが適当な空間をもちながら次の段階のクラスター（中クラスター：側枝の小集団）をつくり、さらにより大きな亜主枝、主枝単位の集団である大クラスターへと発展し、受光態勢のよい樹冠を構成するのである。

逆にいえば、大小のクラスターを人為的に形成・配置することが、せん定技術といえる。

2、クリ林化した低収高木園の改造―一挙更新せん定―

クリ林化した過密植の老朽高木園、あるいは樹冠内部の葉がなくなり樹勢の衰弱した成木園は、一〇アール当たりの収量が一〇〇キロ前後と少なく、しかも果実が小さく経済樹齢が短い。このような園の生産性を向上させるには、思い切って強い更新せん定をすることが最も効果的である。

一挙更新せん定の方法

図２―12のように、一〇アール当たりの栽植本数が二五～三〇本になるように、過密植部の樹を間伐したのち、残存樹を地上一・五メートル前後まで切りもどす。

このばあい、あまりにも樹勢が衰弱しているような園（前年の平均伸長長が一五～二〇センチ以下のばあい）では、二年計画で行なう。一年目は間伐と太枝の枝抜きを行ない、二年目に一挙に更新せん定を行なうのが無難である。また、主幹や主枝に弱小枝があるときは、せん除しないでだいじに残し、強めの切返しせん定をしておく。

この方法は、きわめて強い更新せん定になるが、更新後の樹の生育と樹体管理の面からみて、この程度の切りか

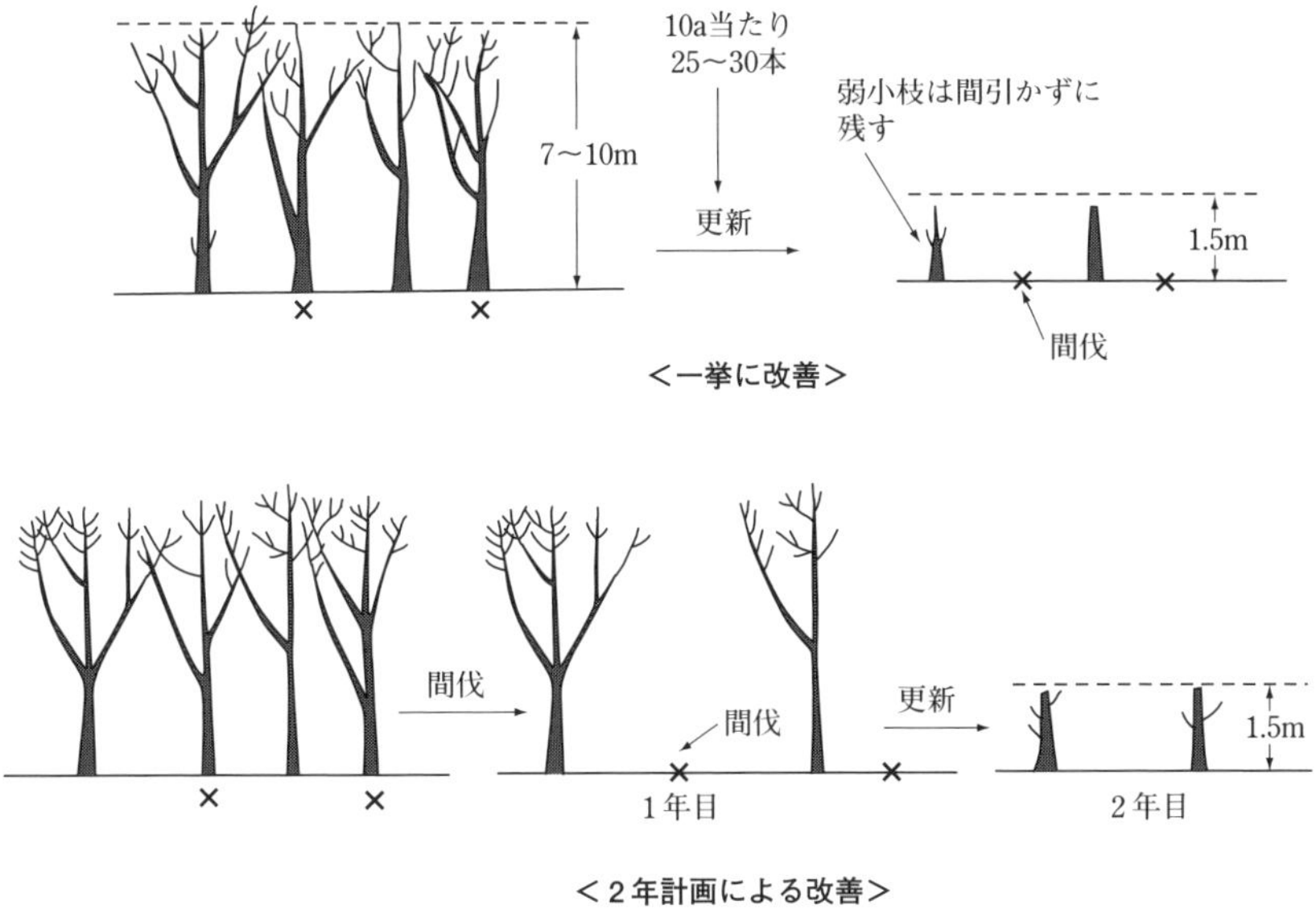

図2−12　老朽高木園での更新せん定法

たが最もよい。地上三〜四メートルの高いところで切ると、翌年、切り口から発生した一年枝の間引きせん定も高いところで行なうことになるので、非常に困難になる。それだけでなく、数年後にはふたたび高木になってしまう。

また、高い位置で切ると切断部付近の先端部からは強勢な新梢が発生するが、下部では新梢の出かたが少なく、出ても弱い枝となる。そのため、数年後にはふたたび樹勢が衰弱することが多い。

更新後一〜二年の管理が成否を左右——更新の手順と管理

きわめて強い更新せん定であるだけに、更新後一〜二年間の管理のよしあしが成否を決定する。間伐、更新せん定とともに、次のような樹体管理が欠かせない重要な作業となる。

①品種を確認して間伐（十二〜二月）

過密植では、まず一〇アール当たり二五〜三〇本になるように間伐する。時期は十二〜二月に行なう。

ここで注意することは、間伐したら一つの品種だけになってしまった、ということがないように、あらかじめ間伐する品種を確認することである。クリは混植比率が小さいと、不受精によって、八月上中旬に多くの果実が落果してしまう。これを防止するには一〇メートル以内に異品種が混植されていることが望ましい。

適当な位置に異品種が残せないときは、更新せん定した樹に異品種を高接ぎする。このばあい、更新二年目の春に前年発生した一年枝に接ぎ木してもよい。

②枝幹害虫の防除（十二〜三月）

十二〜三月のあいだに、カミキリムシ類、コウモリガ、カシワスカシバなど枝幹害虫の防除を必ず行なう。被害部位はナイフなどでていねいに削りとったのち、殺虫剤を塗布または注入し、木工用ボンドを厚く塗る。

③更新せん定（二〜四月上中旬）

地上一・五メートルまで一挙に切りもどす。切り口は雨水が流れるようにかならず少し斜めに切る。切り口の外縁部は面取りをし、木工用ボンドを厚く塗るが、外縁部はとくに厚くていねいに塗る。せん定後は、主幹だけかあるいは主幹と一メートル内外の太枝が一〜二本残るだけのばあいが多い。

更新時期は春先の四月上中旬が最もよい。しかし、春の作業が困難なばあいは、大部分の太枝を冬のあいだに切っておき、残りの一本の太枝を四月上中旬に切るのがよい。残した一本の太枝は力枝の役目を果たし、春の樹液流動を助長するのに働く。

④害虫防除と日焼け防止（四月中下旬〜五月上中旬）

更新せん定を行なうと、ゾウムシ類や毛虫類にはかならず加害されると考えてよく、この時期の防除はきわめて大切である。害虫防除と日焼け防止をかねて、サッチュウコートSセットの二〇倍か、ガットサイドの一・五倍を枝幹全体に塗布または散布する。

図2－13　一挙更新直後

1.5mの高さまで一挙に切りもどす

⑤コウモリガの防除（六月中旬と七月中旬）

不定芽から発生した新梢はとくに枝が軟らかいため、コウモリガに加害されやすい。前述の殺虫剤を新梢の基部に塗布または散布する。

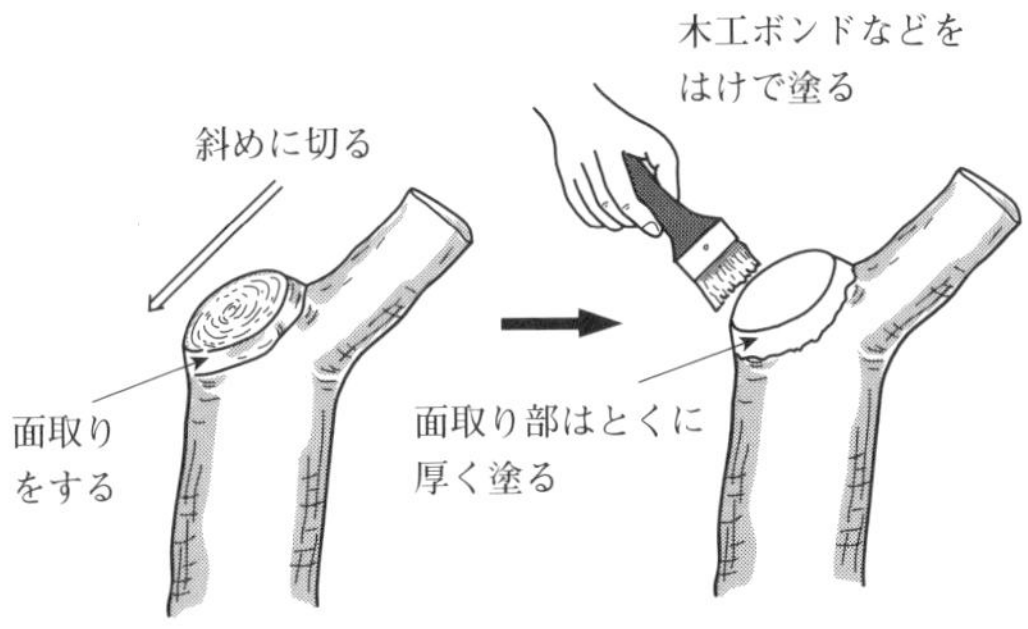
斜めに切る
面取りをする
木工ボンドなどをはけで塗る
面取り部はとくに厚く塗る

図2－14　太枝は切り口は斜めに

図2－15　4～5月は枝幹の日焼け防止とゾウムシ防除が大切

⑥夏期せん定—新梢の間引き（六月中旬と七月中旬）

過繁茂のばあいは、内向枝、直立枝、密集枝を中心に適宜間引くが、この時点では少し多めに残しておく。目安は八〇センチ以上の新梢で二〇〜二五本である。

なお、幹や太枝が枝幹害虫に加害されて樹勢が衰弱しているばあいなどには、新梢数が少なくなるので、防除を徹底したい。

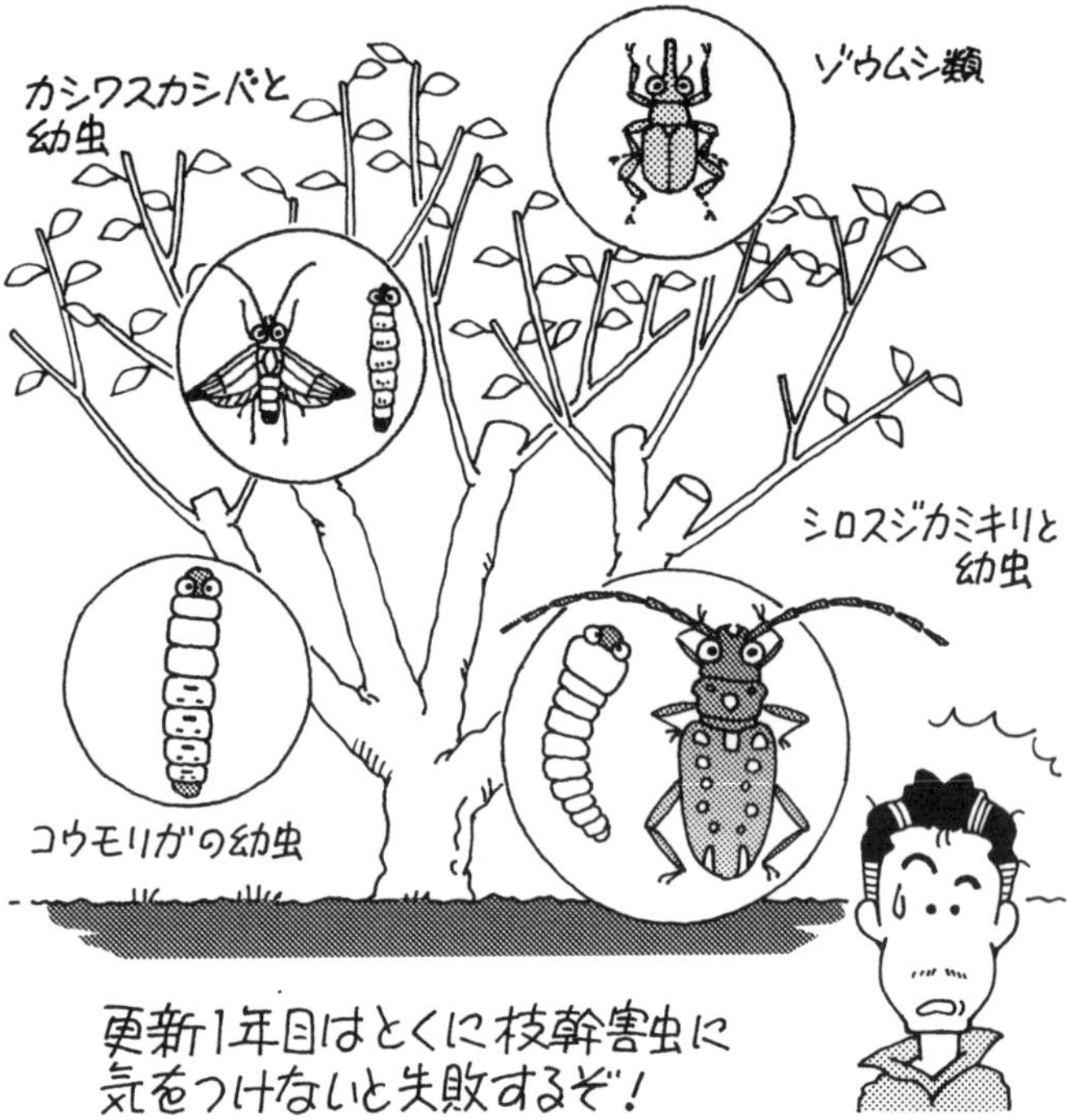

図2—16　過繁茂の樹
夏期せん定で間引く

⑦夏場の見まわり防除（七〜九月）

たびたび園に入り、コウモリガやカシワスカシバの加害部はサッチュウコートSセットやガットサイドなどで防除する。

⑧一年後の冬期せん定

切り口からの枯込みがみられるばあいは、新梢の発生部位まで再び斜めに切りもどす。

図2—17　切り口から枯れ込んだら

密集枝、重なり枝、逆行枝などを中心に新梢の間引きせん定を行なう（図2—18）。残す新梢の本数は、七〇〜八〇センチ以上の枝で一二〜一五本程度がよい。

新梢の切返しせん定の程度は、品種や新梢の充実度によって異なる。一般に幼木期からよくなる品種（伊吹、国見、大峰、有麿、筑波、紫峰、石鎚など）は弱く切りもどし積極的に着果させる。逆に、着果しにくい品種（出雲、丹沢、銀寄、岸根など）は強く切りもど

せん定前

せん定後。70〜80cm以上の枝12〜13本程度残す

図2—18　1年後の冬期せん定

し、二年目はあまり着果させることを考えず、充実した結果母枝を発生させるようにして、三年目からの着果をめざす。

⑨一年目は無肥料、二年目は樹勢で判断

通常、更新せん定を行なうと、樹勢が非常に強くなり、新梢が伸びすぎて困るばあいが多い。したがって、更新

表2—1　更新樹の平均新梢長とチッソ施肥量の調節

平均新梢長	チッソ施肥量
100cm以上	無施用
80～100cm	30%
60～ 80cm	60%
40～ 60cm	100%

注）100%とは標準施用量で施肥量の表を参照

図2—19　3年目の夏の状態

せん定前

せん定後　主枝3～4本程度，樹高4～5m

図2—20　3年後の冬期せん定後

せん定を行なう樹は無肥料とする。

一年目で一メートル以上の新梢が多数発生したばあいも、チッソ質肥料は施用しない。二年目以降も強樹勢のばあいは施用をひかえ、樹勢に応じて表2―1を目安に適宜施用する。新梢伸長が旺盛すぎる樹に施肥する必要はない。

⑩二年目以降の管理

・枝幹害虫の防除

二年目以降も、枝幹害虫の被害が多発しやすい。たびたび園に入り、被害部はナイフなどで削りとり殺虫剤を塗布または注入する。

・冬期せん定

二年目以降のせん定は、間引きせん定を中心に行ない、切返しせん定はほとんど行なわない。その年の伸長量を予想して、樹冠内部や下部の日当たりをよくすることを重視した間引きせん定を行なうが、二年目のせん定で八～一二本、三年目のせん定では六～八本程度残すのが目安である。しかし、枝の伸長量が大きいばあいには少なく、逆に小さいばあいには多く残す。

そして、三～四年目以降は、主枝数を三～四本程度、樹高は四～五メートルにし、少し樹勢が落ちついた段階で、せん定後の樹高を三・五メートルに抑えるのがよい。

・三年目からの施肥

三年目からの施肥も、二年目同様、新梢の伸長量をみながら加減する程度の考え方でよい（図2―20）。

3、樹冠の下枝が残っている低収高木園の改造
―計画的漸次更新せん定―

あまり遅れずに縮・間伐してきた園では、たとえ樹冠内部が枯れ込み、樹勢が衰弱していても、樹冠の下枝（第一、第二主枝）が残っており、樹姿は半球体に近いはずである。このような樹に対しては前年の収量を確保しながら、二～四年計画で樹冠全体を更新することができる。二～三年目には増収のうえ大果の高品質果実がとれるようになる。

一年目の更新

①思い切って低い位置で切りもどす

計画的更新せん定では、一～三月の冬期ならいつ行なってもよい。

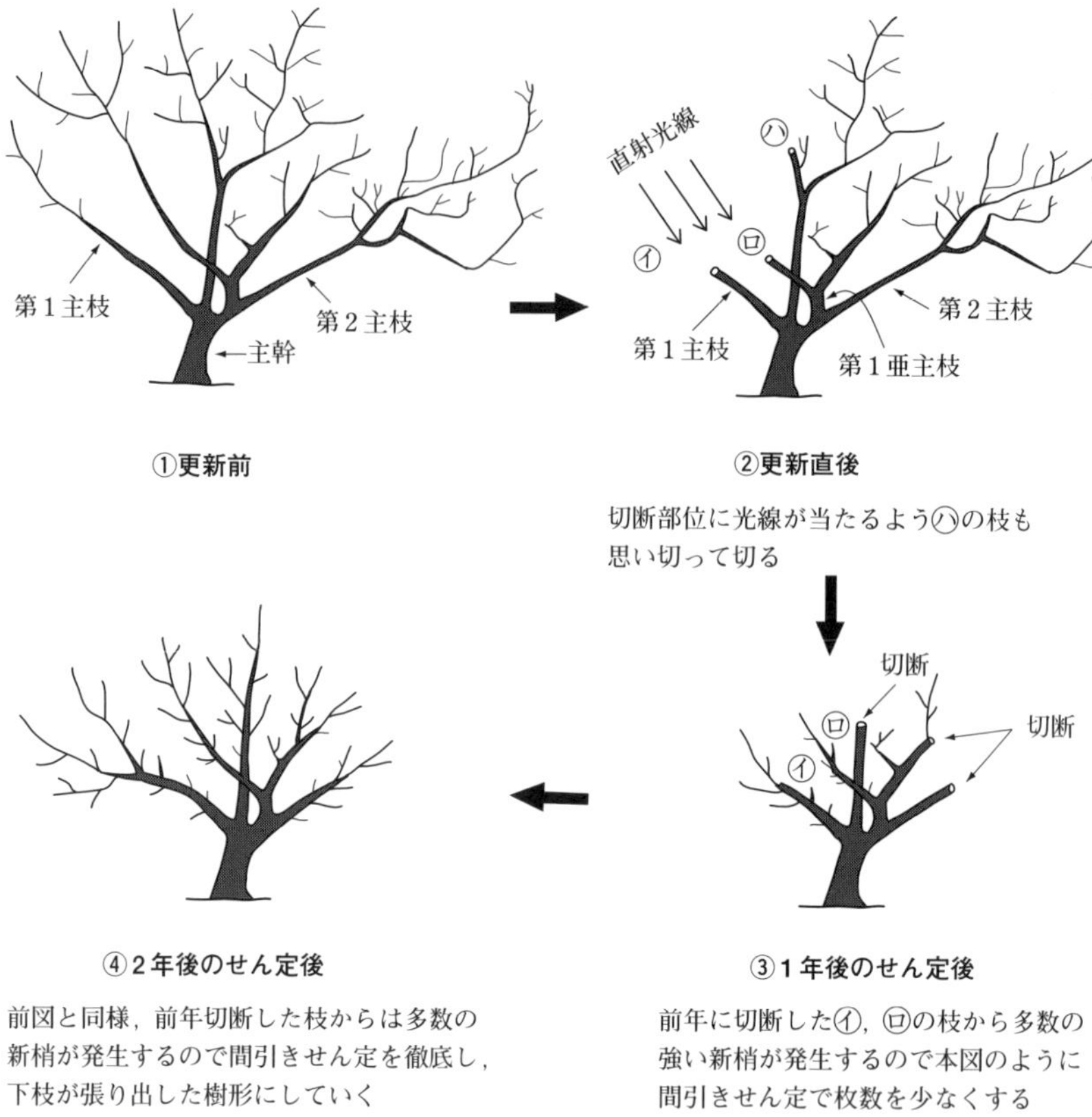

①更新前

②更新直後
切断部位に光線が当たるようハの枝も
思い切って切る

③1年後のせん定後
前年に切断したイ，ロの枝から多数の
強い新梢が発生するので本図のように
間引きせん定で枚数を少なくする
④2年後のせん定後
前図と同様，前年切断した枝からは多数の
新梢が発生するので間引きせん定を徹底し，
下枝が張り出した樹形にしていく

図2—21　計画的漸次更新せん定の方法

図2—21のように、主枝あるいは主幹単位の思い切った切りもどし更新を行なう。このばあいも高いところで切ると効果が少ないだけでなく、技術的にもむずかしく、かつその後の管理も困難になる。

以前は、樹冠全体を数年かけて順次目的の位置まで切り下げていく方法であった。この方法は一見うまくいくように思いがちであるが、必ずといっていいほど失敗する。最初高いところで切ると、切り口付近からは強い新梢が発生するが、切り口から五〇センチも下がると、ほとんど強い新梢が発生しない。したがって、一年後にさらに切り下げると、良好な新梢が残らず、前年の切りもどしは何のためにしたのかわからなくなる。また、たとえいくらか残ったとしても、高いところでの細かなせん定が必要になり労力的に困難だし、すぐ樹高が高くなり何のために更新したのかわからなくなる。

　したがって、できるだけ地上から手の届く範囲内、つまり一・五メートルぐらいの低いところで切るようにする。

② 一年目は半分近くの枝を更新

　更新せん定するばあい、原則的には第一主枝から更新する。しかし、計画的更新せん定といっても、図2—21②のように一年目で樹冠の半分近くを更新することになるばあいが多い。これは、切断部位（図2—21②の㋑：第一主枝、㋺：第二主枝の亜主枝）から発生する新梢には、直射光線が十分に当たるように、上部の枝（図2—21②の㋩）も思い切って切断することが非常に大切になるからである。これによって、㋑、㋺付近から発生する新梢は多くの光を受けるため充実し、翌年には着果することになる。

③ 切り口の保護、害虫防除

　切り口の保護、害虫防除および新梢の取扱いなどは、一挙更新せん定と同じであるが、このばあいは、切る枝の数が少なく、枝幹害虫の発生が少ないため、かなり楽である。

二年目からの冬期せん定

①更新枝から発生した新梢の間引きせん定は、外に向かって素直に開張している枝を適宜残し、逆行枝、直立枝などをせん除する。

②未更新部分の主枝または主幹は一年目と同じように切りもどし、二～三年目で樹冠全体の更新が終わるようにする。

③樹冠全体の更新が終わったあとのせん定は、後述の低樹高仕立てのせん定法と同じように、下枝と樹冠内部の日当たりをよくするためのせん定を続ける。

施　肥

　更新せん定によって、多くの材積部が減少するため樹勢がよくなるので、更新一年目の施肥量は、更新前の七〇～八〇%とし、二年目以降は更新部と未更新部の新梢の伸長量をみながら加減する（四二ページ、表2—1の一挙更新せん定に準じる）。

4、高収成木園の樹高を下げる
―樹高を下げてラクラク生産―

収量を落とさず容易に低樹高にできる

適正な樹冠間隔を維持し、的確なせん定を実施してきた園では、樹冠の枯れ上がりがなく、下枝がしっかりしているため、多収、大果の生産が可能である。しかし、樹高制限をしていない樹では、樹齢十数年を経過した樹高が大きくなり、樹高六メートル、幅七～八メートルぐらいになっているのが普通である。ここまでの大きさになると、せん定がかなりむずかしくなり、薬剤防除も肉体的にかなり苦痛になってくる。

このような園では、図2―22のように二年計画で樹高を引き下げると、一年目でもさほど収量を落とさずに容易に実施できる。

更新は十二月～三月に行なう。

一年目は樹冠の上頂部を縮小

まずは樹冠上部の枝、つまり第三主枝、第四主枝、およびこれらの主枝の亜主枝、側枝の延長部を中心に太枝を切りもどすか適宜間引く。これは樹冠の上部を縮小することで、樹冠の下部の日当たりをよりよくし、下枝の内部にも良質の結果母枝を発生させるためである。つまり一年目のせん定では、樹冠上部の第三主枝、第四主枝の広がりを、樹冠下部の第一主枝、第二主枝の広がりよりもかなり小さくすることを最大の目的とする。

このようにせん定すると、せん定量はかなり多くなるが、樹高はせん定量ほどには低くならない。しかし、一年目はこれで十分である。

二年目で一挙に下げる

二年目には、図2―22に示した㋑、㋺、㋩の箇所からせん除する。このようにすると、樹高は大幅にかつ容易に下げることができる。また、樹勢もよくなるので果実の品質が向上する。さらに、樹冠の幅を制限しても樹冠下部の内部まで多くの結果母枝が発生しているので、減収することがない。

実際の樹高制限では、とかく減収することをおそれてせん定量が少なくなり、みるべき効果があがらないばあいが多いので、この点を留意しておくことが大切である。

切り口の保護、害虫、施肥などは、更新せん定と同様であるが、害虫の発生は通常のせん定とほとんど変わらない。

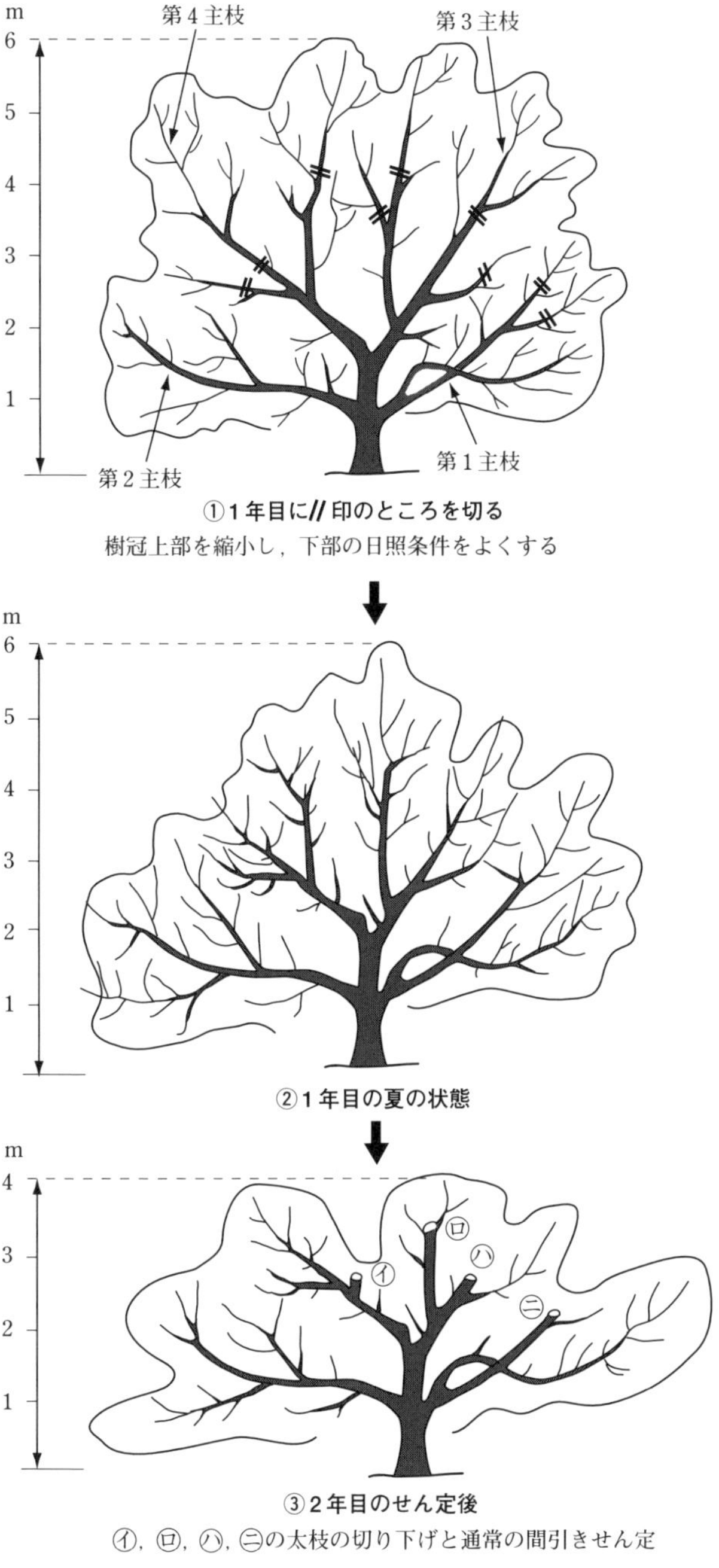

図2−22　高収成木樹の樹高を下げる

3 章

最初から低樹高に仕立てる

1、最初から低樹高に仕立てよう

いいことずくめの低樹高仕立て

低樹高仕立てにすると半楕円体の樹形であろうと、半球体の樹形であろうと、樹高が低く樹冠が小さくなるため、整枝・せん定が非常にやさしくなり、多収で大きな果実を生産することができる。

低樹高仕立ての整枝・せん定法は、確立したマニュアルがあるので、それに沿って実行すれば簡単にできる。ただ、枝を切るのが惜しくて、切ることをちゅうちょすれば失敗する。失敗している人の多くは、欲を出して的確な縮伐や間伐ができなかったり、個々の樹でも枝の切り方が少なくなったりするばあいが多い。これは、技術上の問題よりも、精神的な問題といえよう。

さらに、病害虫防除では、散布薬剤が枝葉やイガにかかりやすくなるため、防除効果が高くなる。また、間伐後の永久樹数は慣行樹形にくらべておよそ一・五

いいことずくめの低樹高仕立て。
でも、切るのを惜しむと失敗するぞ！

〜二倍と多いため、たとえ枯死樹がでても、その分損失割合が少なくなる。

低樹高仕立て二つのタイプ ――半楕円体と半偏円頭体

低樹高仕立ての目標樹形は、二本主枝の半楕円体と三〜四本主枝の半偏円頭体の二とおりがあり、これによって植付け様式と植付け距離がちがう。どちらがよいかは、一長一短があり、一概にいえない。ただ、初心者では、樹冠が接近してきても、惜しくて思いきった縮伐や間伐ができないことが多いので、自信のない人は樹冠を上から見ると円になる半偏円頭体の樹形が無難である。

なお、半楕円体と半偏円頭体では、植付け時の樹間や配置がちがうので、最初からどの樹形にするかで植付け様式が変わってくる。

①半楕円体 ――せん定はしやすいが縮伐で失敗しやすい

半楕円体のばあいは、間伐後は八メートル×四メートルの横に長い樹形となるが、長径側を正面にしてせん定していくと奥行きが短いため、奥の枝の配置をあまり考えずにせん定できる利点があり、それだけせん定がやさしくなる。

その反面、短径側は隣接樹との距離が短いため、的

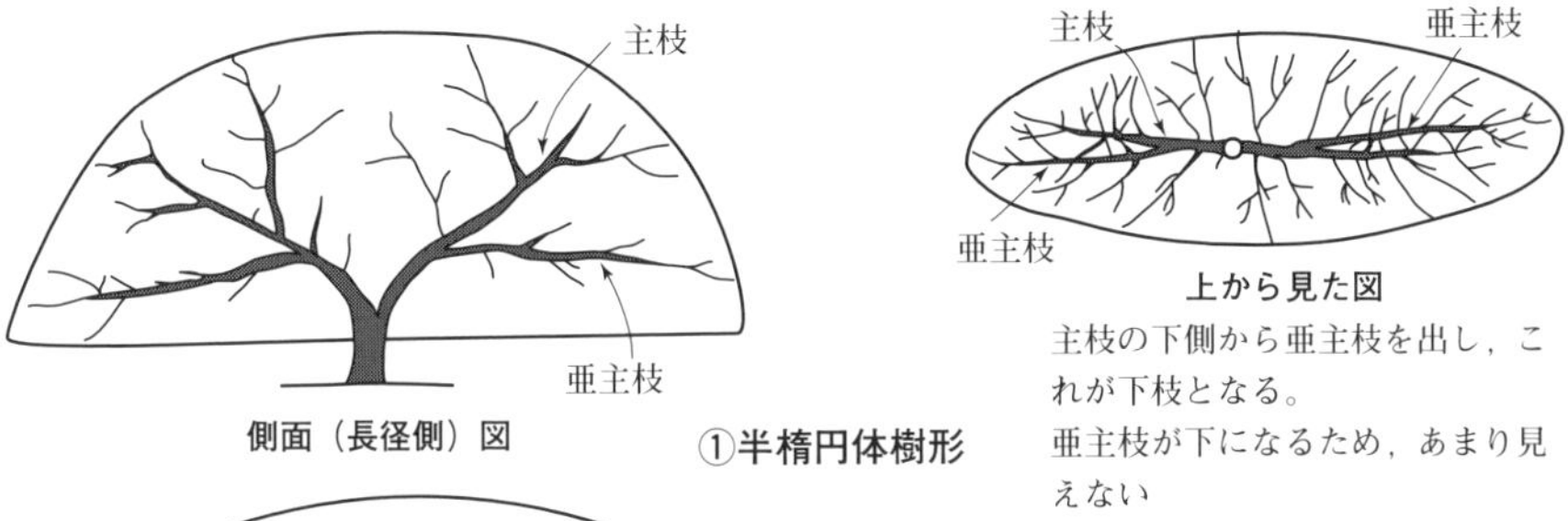

側面（長径側）図

上から見た図
主枝の下側から亜主枝を出し，これが下枝となる。
亜主枝が下になるため，あまり見えない

①半楕円体樹形

側面図

上から見た図

②半偏円頭体樹形

図3−1　低樹高仕立て２つのタイプ

確な樹冠間隔が維持できるよう、若木の早い段階から思い切った縮伐が必要で、的確な縮伐ができるか否かはその後の成否を握っているといっても過言ではない。しかし、これまでの例では、切るのが惜しくて失敗したケースが非常に多い。

②半偏円頭体――初心者向けの樹形

半楕円体に対し、半偏円頭体は、間伐後の樹間距離は前後左右とも六～七メートルあるため、隣接樹との樹冠距離を的確にとりやすい利点がある。しかし、その反面、樹冠径が六～七メートルと奥行きがあるため、個々の樹のせん定では側枝や結果母枝の配置に留意しなければならず、少しせん定がむずかしくなるきらいがある。しかし、このばあいは若干せん定にまずさがあっても、縮・間伐の遅れほどには、その損失は大きくない。

したがって、これまで的確な縮・間伐ができず失敗して自信がもてない人や、初心者は半偏円頭体の樹形を目標にするのがよい。

2、低樹高は植付け方から変える

植え穴の大きさは土壌条件で異なる

あらかじめ、植付け場所の排水のよしあしを調べておく。排水の悪いところで、大きな植え穴を掘ると、水がたまり根は酸素不足となり、かえって生育が悪くなる。耕土が浅く排水の悪いところでは、まずは全園的に深耕するとともに、暗きょあるいは明きょなど排水対策が必要である。

植え穴の大きさは直径一メートル、深さ五〇～六〇センチぐらいが理想であるが、耕土が深く比較的良好な土壌なら、なにも大きな穴を掘る必要がなく、根域より少し大きな植え穴でもかまわない。もちろん、排水の悪いところでも、排水対策をすれば同様の植え穴でよい。

図3―2程度の植え穴なら、下層部に完熟堆肥一〇キロとヨウリン二キロを土とよく混和して埋めもどす。中層部の三〇～四〇センチの層には、チッソ、リンサン、カリの入った化成肥料（それぞれ約二〇グラム）を土とよく混和して施用し、根群が直接肥料と接しないようにする。

植付けの方法

①秋植えか春植えか

植付け時期は、落葉後の年内に植える秋植えと萌芽期前に植える春植えとがある。

秋植えの利点は、比較的植えいたみが少ないことにある。つまり、萌芽期までに根群が土とよくなじみ、新根が順調に発生しやすいため、その後の生育がよい。

しかし、冬の寒さが厳しい寒冷地や積雪地で秋植えすると寒害や雪害を受けやすいので、春植えが安全である。春植えの適期は三月上旬、秋植えは十一月下旬～十二月である。

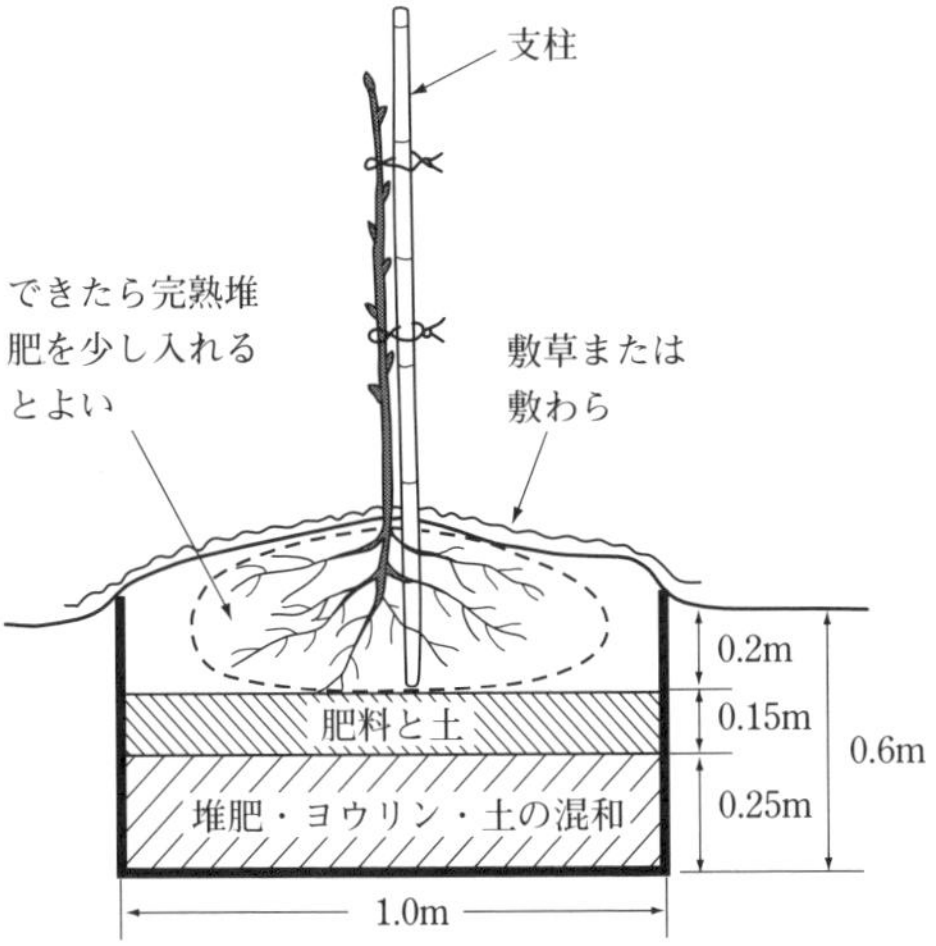

図3－2　植え穴と植付けの方法

②深植えにしない

植付けにさいしては、根を乾かさないようにすることがだいじである。損傷している根や腐っている根は、健全な中・細根が発生している部位まで切りもどす。

根はできるだけ水平になるように四方に広げ、根と土との間に間隙をつくらないように、苗木を上下に軽く振りながら覆土していく。このばあい、覆土しながら、苗木を少しずつ上げていく。こうすると水平だった根は下方に向き、根と根の間隔も適度に保たれる。

表層の覆土の厚さは、いちばん上の根から一～二センチぐらいにし、深植えにならないよう注意する。また、植え穴に多量の有機物を埋めると、土は覆土後しだいに沈下するので、少し高く（植え穴の深さの五～一〇％）盛っておく。

③苗木の選び方

クリも苗木のよしあしによってその後の生育が大きく影響される。また、数ある果樹の中にあっても、最も枯れやすい果樹に属する。とくに、植付け三～四年の間に、凍害あるいは、凍害が引き金となってキクイムシや胴枯れ病に侵され枯れるばあいが多い。

それだけに、苗木は値段が多少高く

ても、信用ある業者から優良苗を購入するようにする。

さらに近年、根頭がん腫病に侵された苗が出回っているので注意する必要がある。本病に感染すると、生育障害を起こし、早期に樹勢が衰弱する。現在、効果的な防除法がないうえ、土壌伝染するので、まずはり病苗を持ち込まないことが何より優先される。図3—3のように根部に三〜五ミリ前後のこぶ状のものがみられたら本病と考えてよい。

優良苗木の条件は、①高接ぎ苗であること（凍害に強い）、②枝幹部と根部の均衡がとれ、細根が多く、損傷や病害がないこと、③接ぎ木部がよくゆ合していること、④徒長的でなく、穂木も台木部も太く、芽が充実していることなどである。

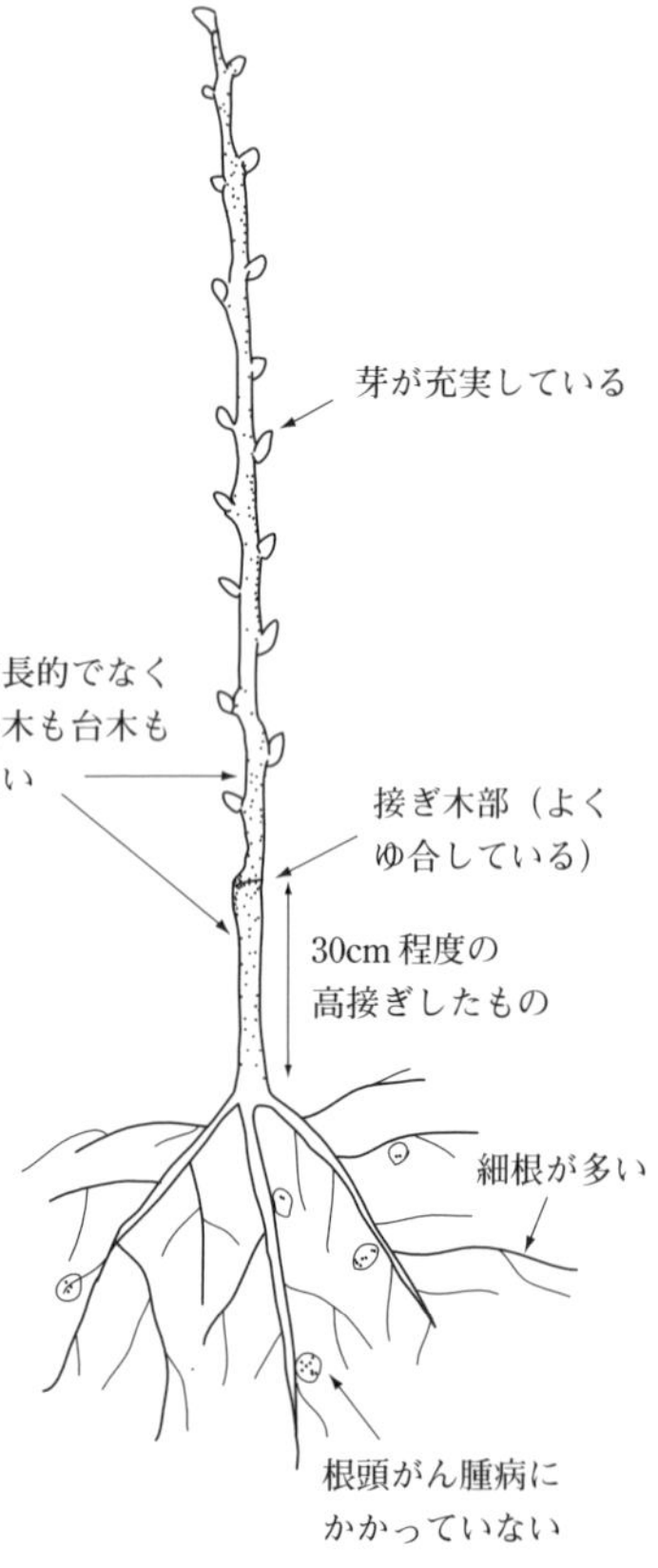

図3—3　苗木選びのポイント

植付け距離と様式は耕土の深さと樹形で変える

①永久樹の二倍は植える

どの樹形や栽植密度でも、早い時期から多くの収量を上げるために、植付け本数は最後まで残す永久樹の二倍にする。そのうえで、樹冠が接してきた段階で縮・間伐を行なう。そして、間伐後の最終的に残す本数は当初の半分にする。

②半楕円体樹形での植付け

植付け距離は有効土層の深さ（根が伸長できる耕土の深さ。普及センターなどに土壌の硬度を調べてもらうのがよい）を考慮し、耕土が深くなるほど植付け距離を長くとる。

有効土層が五〇センチ前後の普通の土壌のばあいは、当初の植付け距離を四メートル×四メートル（六二本／一

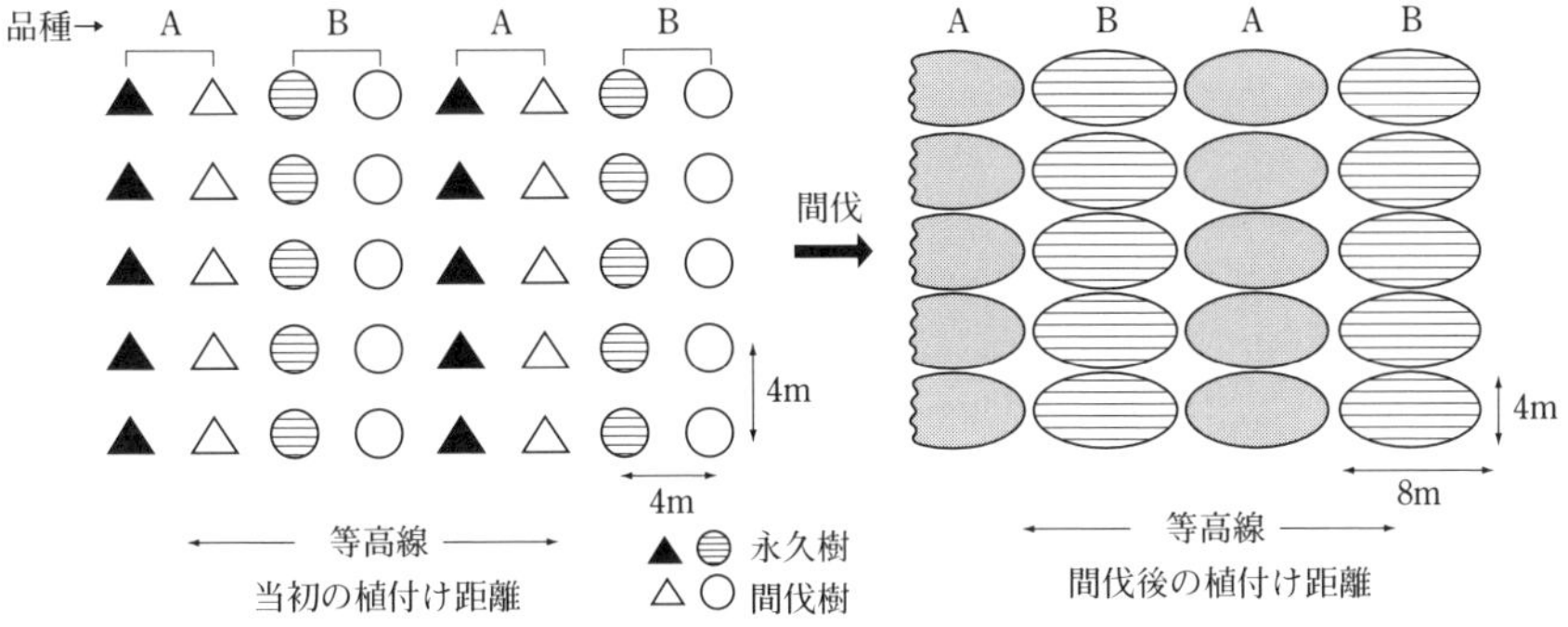

注　耕土の深さが中くらいのばあい

図3―4　樹形が半楕円体の植付け様式

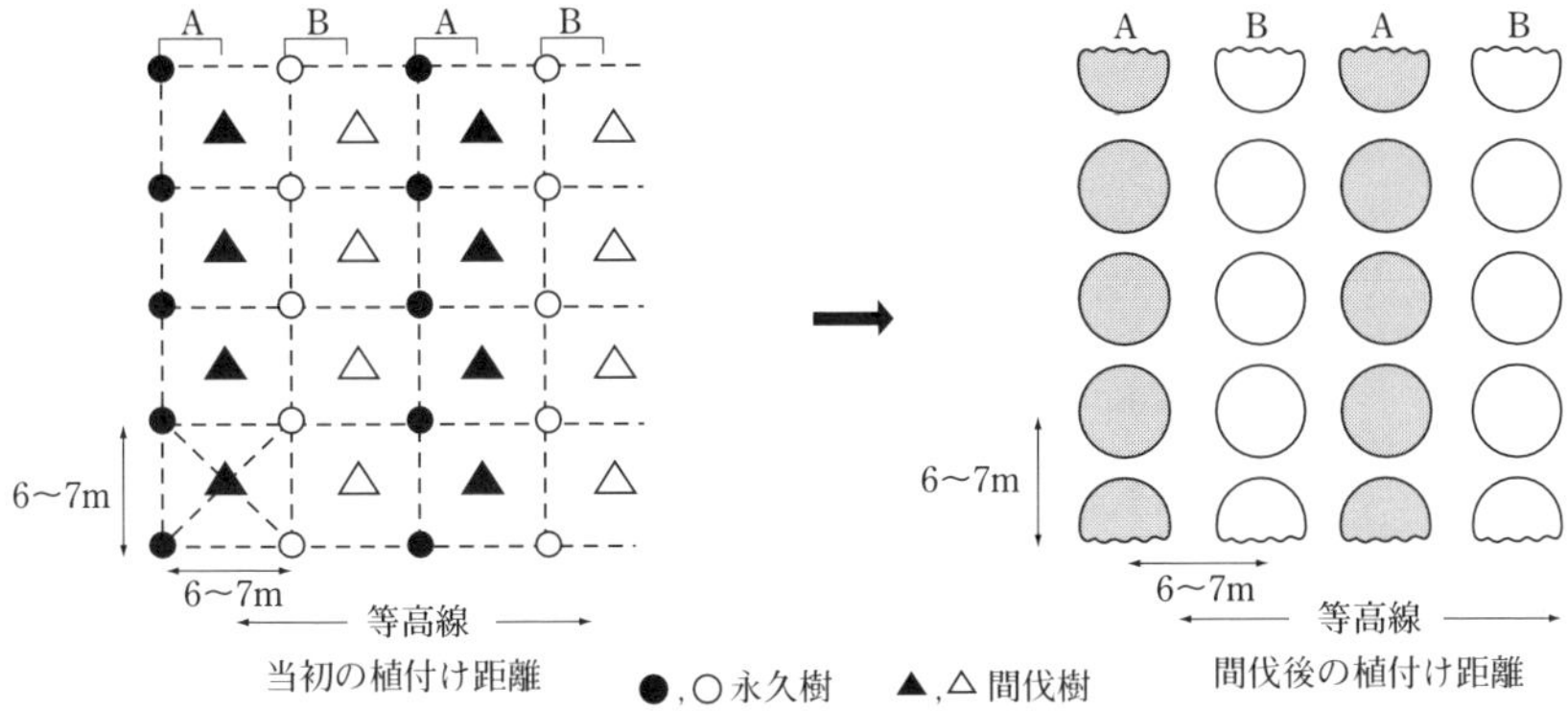

図3―5　樹形が半偏円頭体の植付け様式

○アール）の正方形植えとし、間伐後は四メートル×八メートル（三一本／一○アール）とする。有効土層が六○センチ以上と深いばあいは、五メートル×四メートル（五○本／一○アール）とし、間伐後は五メートル×八メートル（二五本／一○アール）とする。

③半偏円頭体樹形での植付け

植付け距離は半楕円体のばあいと同じく、耕土の深さによって異なり、耕土が深いばあいは植付け距離を長くとる。当初の植付けを六～七メートル×六～七メートルの正方形植えに加えて、その中間の千鳥（四点の対角線の交点）の地点にも植え付ける（五六～四一本／一○アール）。間伐は千鳥の地点の樹とし、間伐後は六～七メートル×六～七メートル（二八～二○本／一○アール）となる。

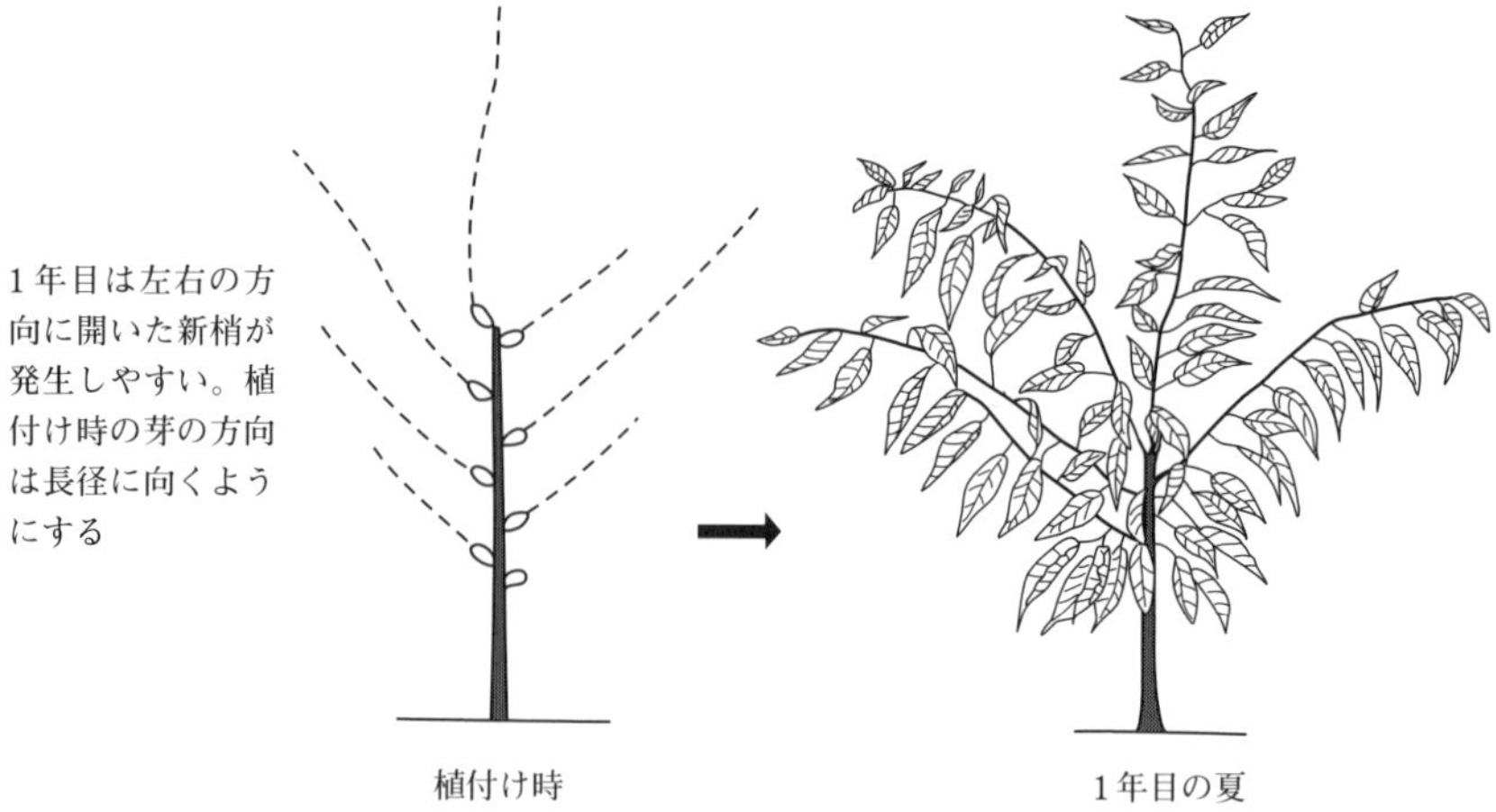

図3—6　植付け時の芽の方向と枝の伸び方

植付けは芽の方向も考える

クリの葉序は二分の一のばあいが多いため、半楕円体の樹形で永久樹を植え付けるときは、相対する左右の芽が樹冠の長径側に向くようにする。これに対して、間伐樹のばあいは逆に左右の芽が短径側に向くよう植え付ける。こうすると、後の整枝・せん定がやりやすくなり、目標の二本主枝にもっていきやすいだけでなく、間伐予定樹の縮・間伐を若干遅らせることができる。

半偏円頭体の樹形では主枝数が三本のため、植付け時の芽の方向で、主枝の方向を決めることがむずかしいが、理想的には、永久樹の樹冠を上からみたばあい、三本の主枝を一二〇度前後の開度に配置し、そのうちの一本の主枝は永久樹列の一方向に向くように配置するように心がける。

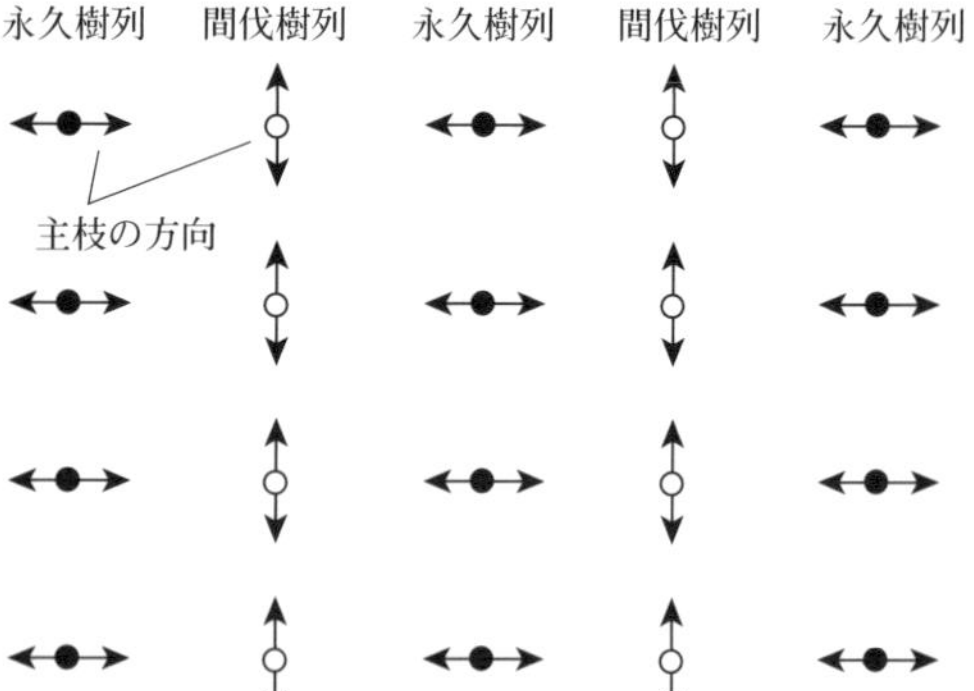

図3—7　永久樹と間伐樹の主枝の方向（半楕円体）

3、半楕円体樹形の仕立て方とせん定

幼木の生育とせん定

①一年目（植付け時）

春の新梢伸長開始時から、先端の勢いのよい新梢を主幹延長枝としてまっすぐに伸ばす。新梢の数が多すぎたり、局所に集まったりしているときは、早いうちに一〇～一五センチ間隔に間引くか、摘心するのがよい。

二年目の冬期せん定は、主幹と左右の主枝の合計三本の枝を発生角度、強さ、位置を考慮して残し、その他の枝は基部から間引く。ただし、弱小枝は切らず残す。主枝の発生の高さは、地上五〇～八〇センチがよい。なお、間伐予定樹は三～四本の主枝を残してよい。

主幹と主枝の先端は、新梢長が六〇センチ以上では五分の一、六〇センチ未満のばあいは三分の一程度切りもどす。

②二年目

前年同様、先端の勢いのよい新梢を主幹延長枝としてまっすぐに伸ばす。それより下の枝は発生角度、強さ、位置を考えて残し、ほかの枝は切る（図3―8参照）。ただし、将来の目標樹形を描いて樹冠の長径側に開かせるための二本の主枝候補枝を大切にする。

冬のせん定では、二本の主枝候補枝

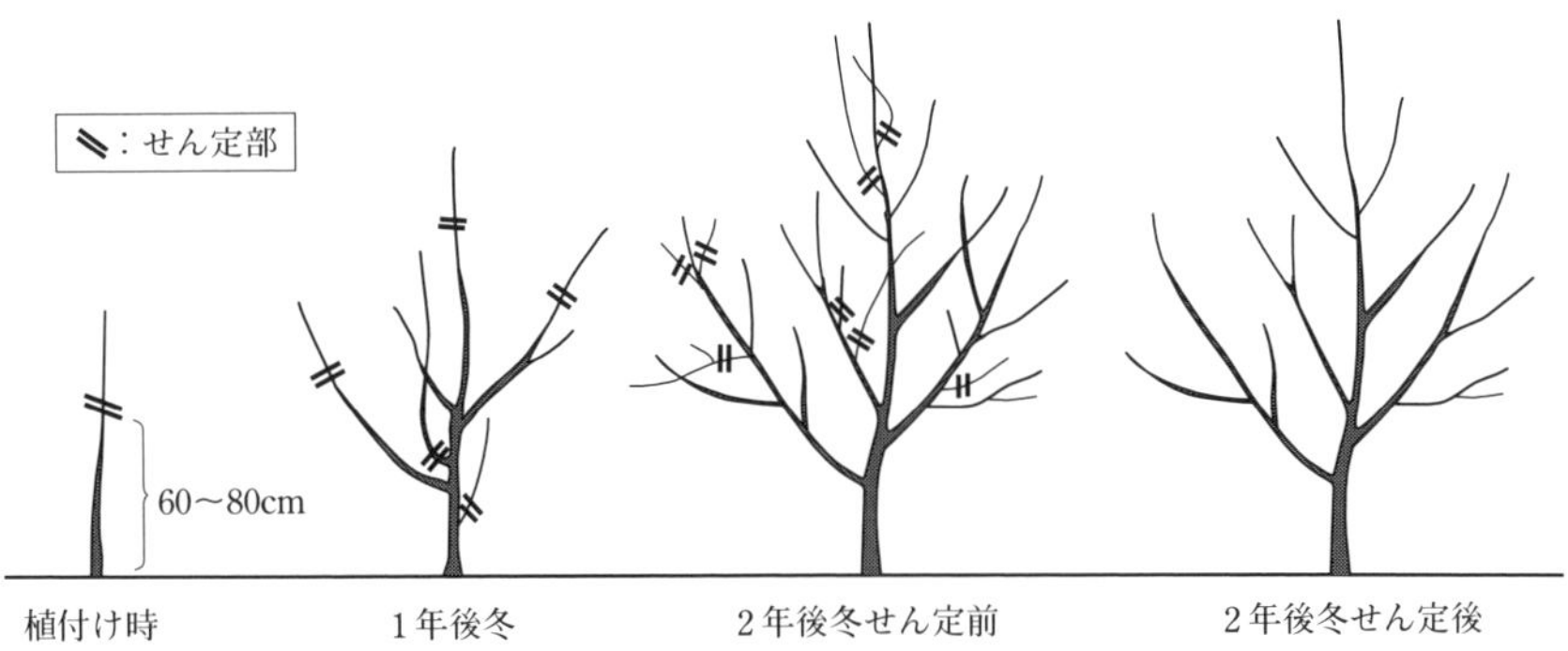

図3―8　1～3年目の主枝のとり方とせん定

に対して、これらの生長をさまたげる枝は適宜間引いていく。また、主幹と主枝候補枝の先端は、芽の方向を考えて、伸長させたい方向が左なら左芽、右なら右芽、上に伸ばしたいなら上芽の位置で、伸長量の五分の一程度を切りもどす。

③三年目

前年と同様、主幹延長枝をまっすぐに伸ばし、長径側の二本の主枝候補枝を大切にする。

冬のせん定では、逆行枝や間隔の狭い重なり枝を間引く。充実した新梢の先端は、芽の方向を考えながら、五〜十数センチ切りもどす程度の軽いせん定にとどめ、三年目からは積極的に着果をはかるようにする。

④四〜五年目

前年と同様、主幹延長枝をまっすぐに伸ばしながら、二本の主枝と亜主枝候補枝の充実をはかる。このころになると、ほぼ下枝を形成する亜主枝が決まってくる（図3—9の㈧、㈡）。亜主枝の発生位置は主枝の基部から五〇〜六〇センチ離れたところが適当である。この亜主枝は前にも触れたように、非常に大切な下枝で、まさにドル箱になるのである。

冬のせん定では、主枝から発生している亜主枝や側枝に対して受光状態を悪くする枝は、かならず切り取る。また、一〜二年後の心抜きにそなえ、主枝が開張しやすいように逆向枝や直立枝なども間引いておく。

心抜きの時期と縮・間伐の時期は同時

心抜きの時期は、樹高三・五〜四・〇メートル（樹齢六〜七年）のときに、一〜二年計画で地上八〇〜一〇〇センチぐらいまで切りもどす（図3—10参照）。

切断方法は、残る主枝の傾きと同じ方向にやや斜め切りとし、切り口には保護剤（木工用接着剤）を厚く塗る。水平切りにすると切り口のゆ合が悪い。

この時期は、間伐予定樹の縮伐と樹高制限、ならびに永久樹の樹冠の短径側の縮小が必要となるときで、せん定量はいっきょに増加する。縮・間伐が遅れたり、切り込む程度が中途半端になると、かならず失敗する。

以後、数年のせん定と縮・間伐がクリ経営の成否の鍵をにぎっているといっても過言でない。これまで、大方の人が的確にできず、失敗している。技術的には決してむずかしくないが、欲がでて切れなかったのである。縮・間伐方法と永久樹の樹冠の縮小方法は、六八〜七一ページを参照のこと。

若木から成木（心抜き以降）のせん定

①樹高は三・五メートルに制限

樹高制限は図3―10、図3―11のとおり、地上三・五メートル以上の高さの枝については、三・五メートル以下になるように、すべて間引きせん定のかたちで除去する。なお、三・五メートル以上に伸びている枝は、三・五メートルの位置で切り返すのではなく、その枝が出ている位置までもどって間引く。

除く枝は残す枝よりも充実しているのがふつうだが、迷うことなく切り除くことが肝要である。現実には切るのが惜しくて切れない人が多いが、それ

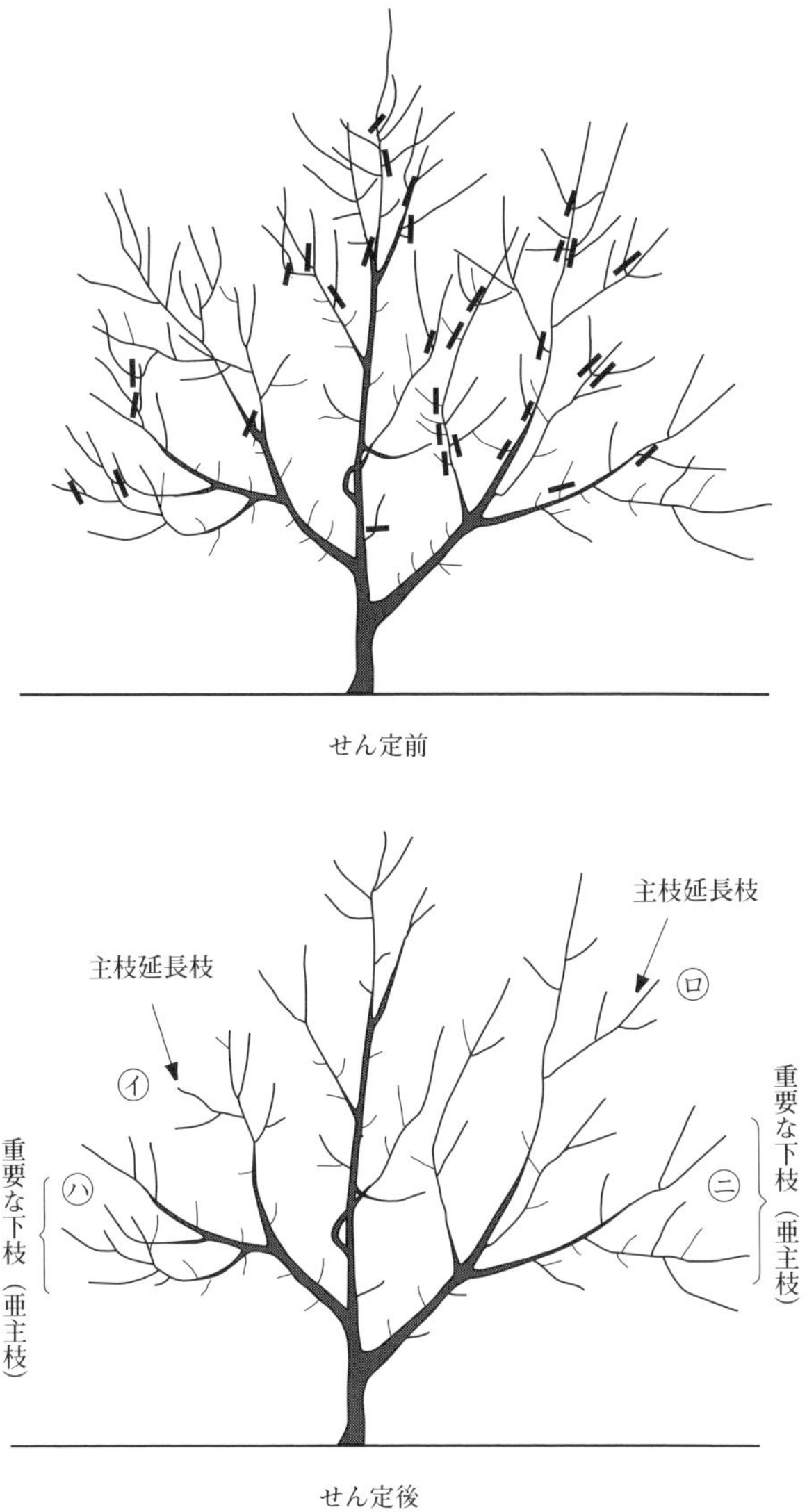

下枝が上枝よりも外に張り出るよう，上枝を内側に縮めることが基本。㋑～㊁の日当たりがよくなるよう，上枝をかなり間引く。光不足により，樹冠内部の弱小枝が枯れ込まないようにする

図3―9　4～5年目のせん定

を決断することが成功のポイントになる。残す枝は多少貧弱であっても、上部の枝を取り除くことによって、日当たりがよくなり、良質の結果枝が多数発生するので、心配する必要はない。

このようなせん定を毎年続けていくと、自然に数年ごとにかなりの側枝が更新されていくことになる。

なお樹冠間隔については、図3—16~図3—19を参照のこと。

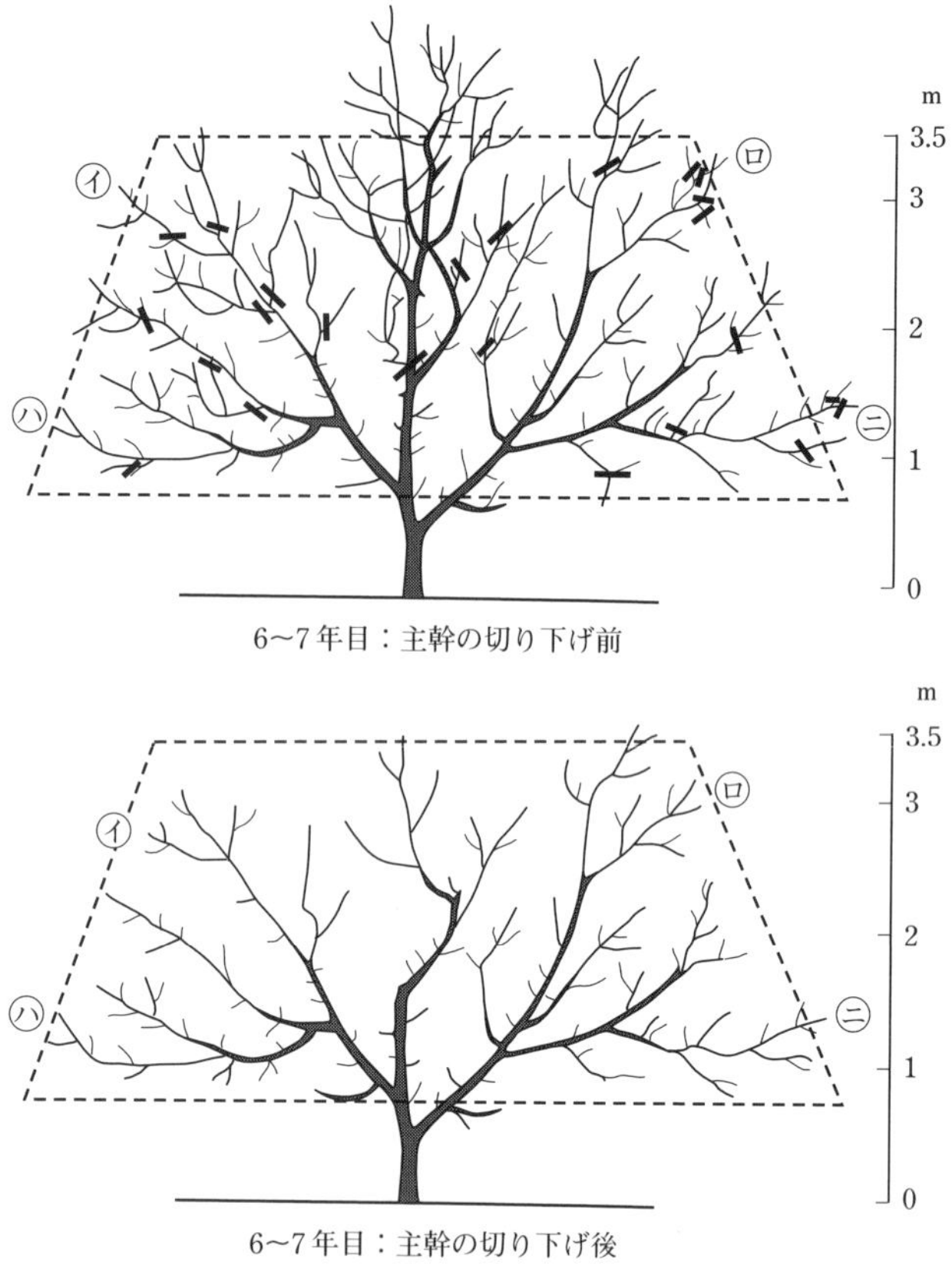

・樹高が3.5~4mのときに，1~2年かけて主幹を切り下げる
・㋑，㋺，㋩，㋥の枝に直射日光が入るように上枝を間引く
・樹形は台形になるよう下枝を張り出させる
・樹冠1m^2当たりの結果母枝数は若木期以降は6~7本とする

図3—10　心抜きの方法

㋑，㋺が主枝，㋩，㋥が重要な亜主枝

②樹冠は上部より下部が長い台形に

図3—10~図3—13のように、長径側、短径側とも側面図は、樹冠上部が樹冠下部よりも短い、台形になるように整枝することがきわめて大切である。これは樹冠下部（下枝である亜主枝）の日当たりをよくするためであり、長径側、短径側とも台形の上辺の長さは下辺よりもおよそ一二〇センチ短くする（図3—16~図3—19参照）。

なお、樹冠内部の弱小緑枝をだいじに確保する。逆に、弱小枝を取り除いている人があるが、これは大きなまちがいである。樹冠内部に緑枝を確保することは、成木になっても、樹勢を健全に維持していくために大事である。

③主枝、亜主枝の取扱い

心抜きすると樹冠の中心部の日当たりがよくなるため、主枝の先端部が直立しやすくなり、図3―11に示した㋑、㋺の枝が衰弱しやすい。しかし、低樹高仕立てでは、㋑、㋺が主枝の延長枝（先端枝）になるので、図3―11、図3―12の㋑、㋺のように上枝を整理しながら（主枝延長枝の角度の変更）、図3―13の完成樹形に近づけていく。

また、図3―11、図3―13の㋩、㋥の枝は亜主枝に属し非常に重要な下枝で、このような樹形になると、樹冠の

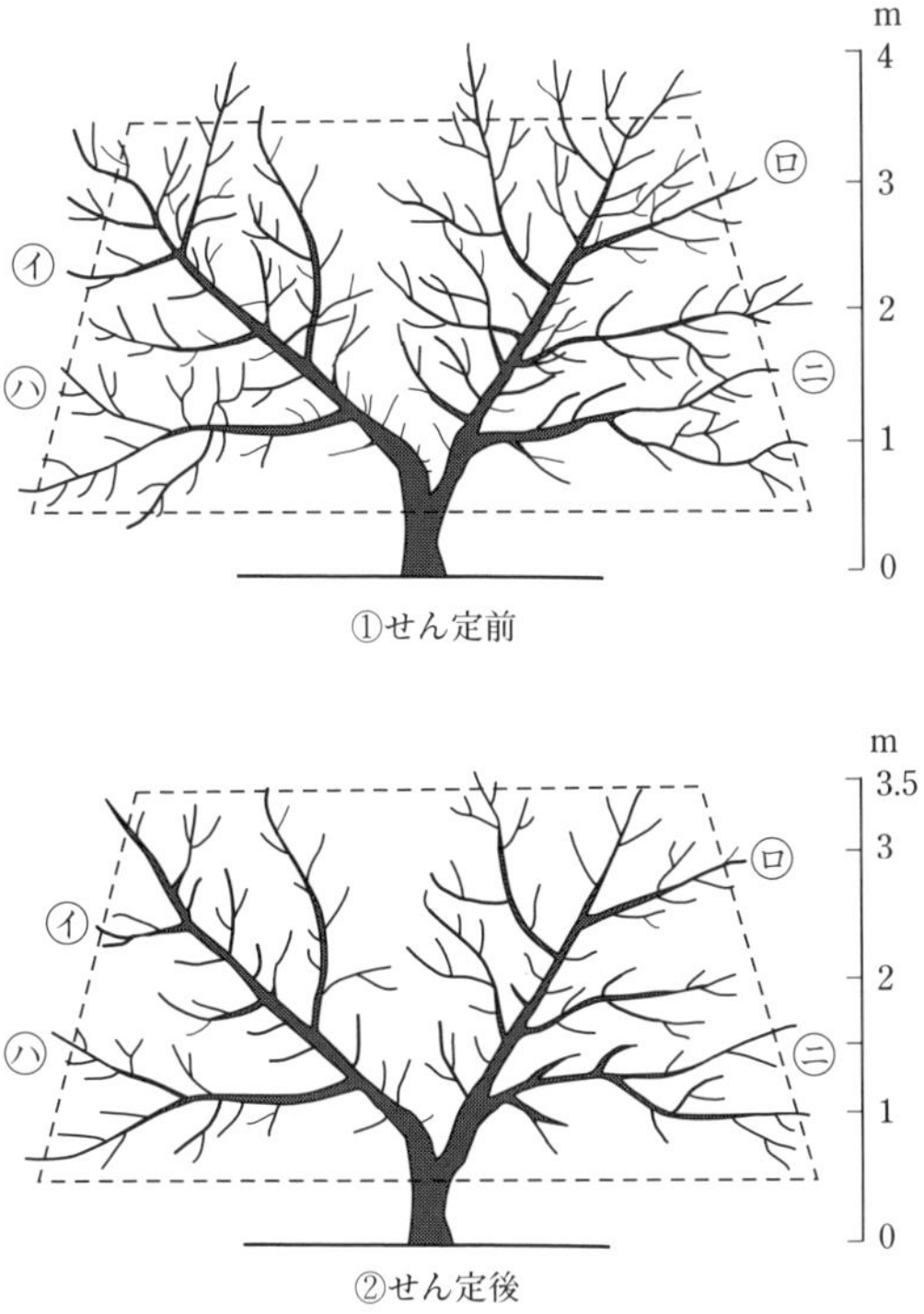

図3―11　心抜き後の長径側のせん定

㋑，㋺は主枝延長枝，㋩，㋥は重要な下枝（亜主枝）

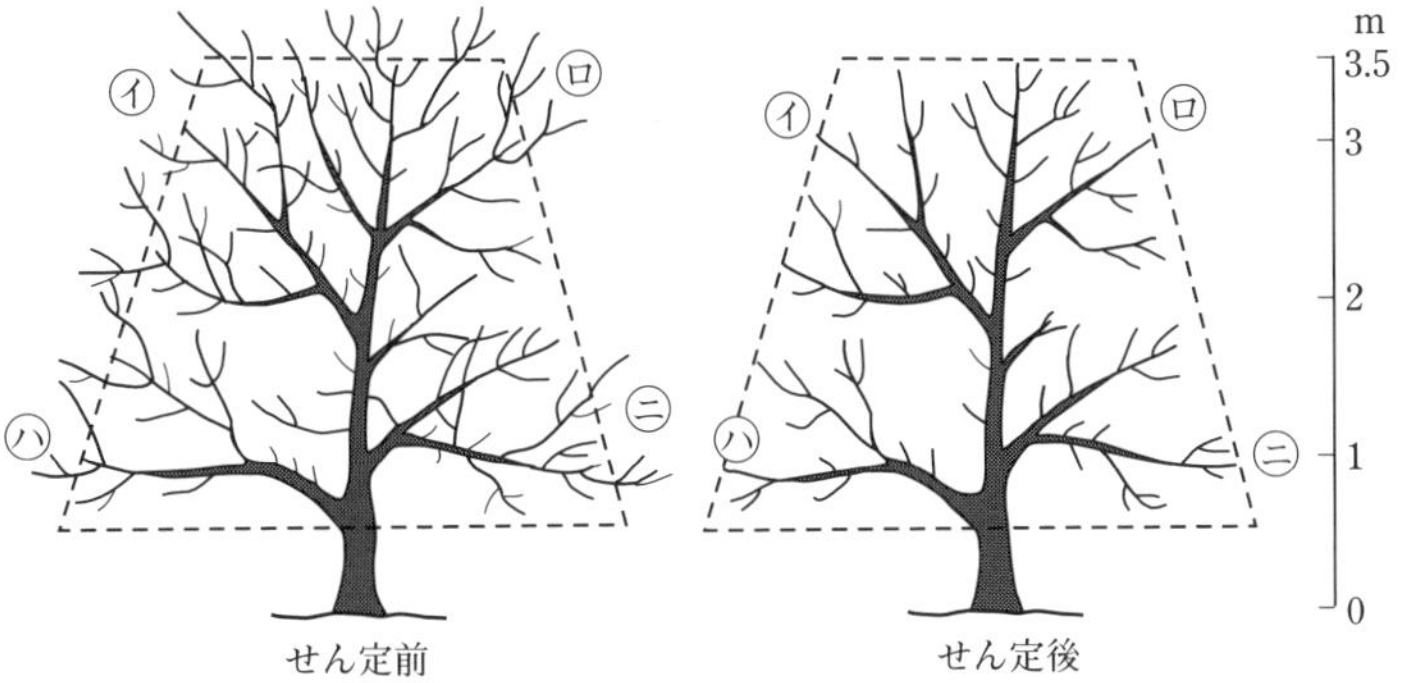

図3―12　心抜き後の短径側のせん定

㋑，㋺，㋩，㋥は図3―11と同じ

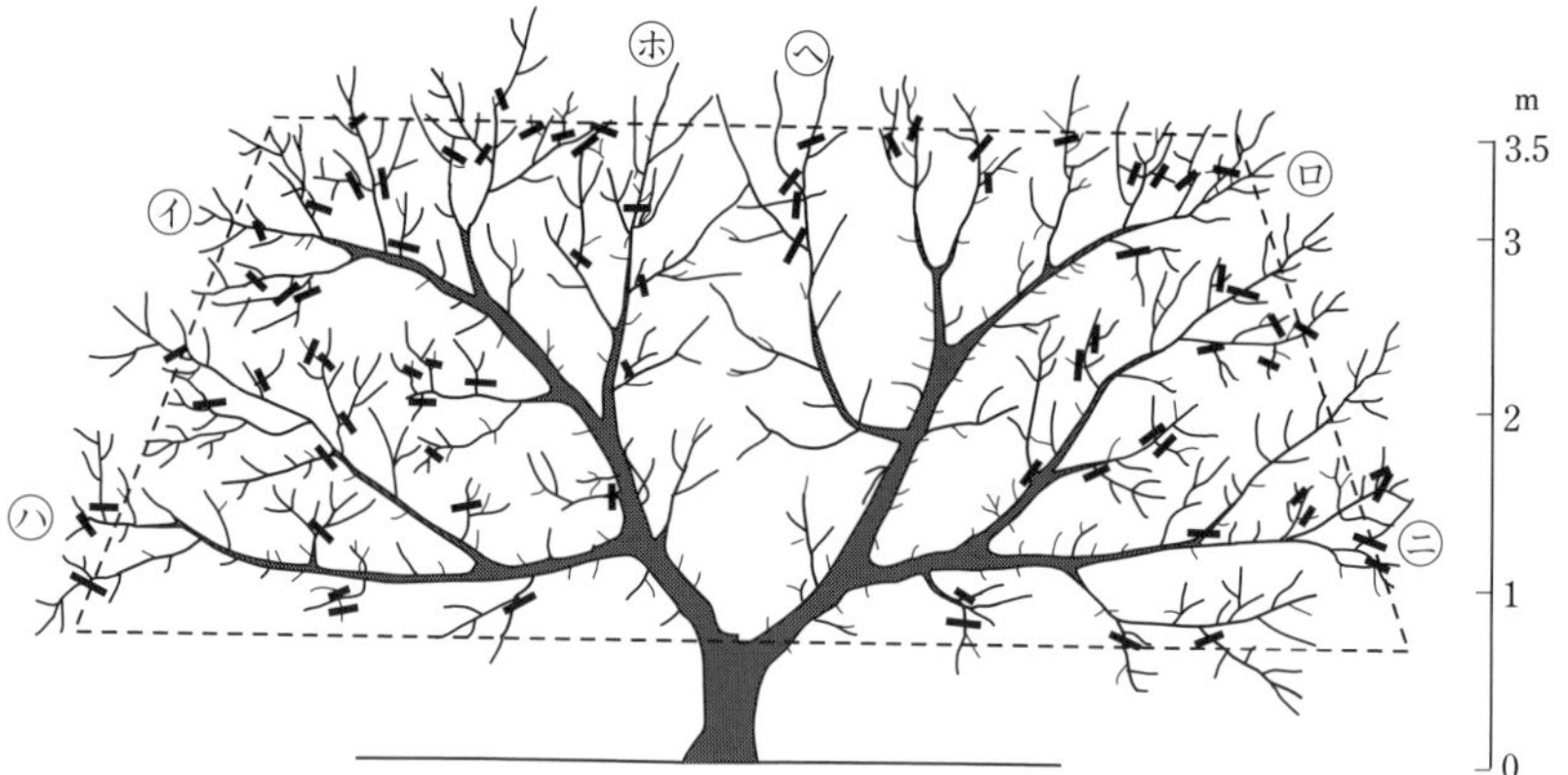

せん定前

せん定後

樹高3.5m，樹形は台形，樹冠下1m^{2}当たりの結果母枝が6～7本残る程度，樹冠内部の弱小枝を枯れ込まさせないようせん定する

主枝角度の変更：主枝を枝元と同じ角度で伸ばしていくと樹高が高くなりすぎるので，地上2.5m付近から角度を広げる。変更地点が地上3m前後と高くなると，それ以降の主枝延長枝から発生する結果母枝，側枝の大部分を冬せん定で切り落とすことになり，損失が大きくなる

樹形（長径側）

①せん定前

②せん定後

図3－13　完成

㋑，㋺は主枝延長枝
㋩，㊁は重要な下枝（亜主枝）
㋭，㋬は主幹上頂部の側枝

図3—14　樹冠下部まで着果をはかるため上枝を下枝よりも短くしたせん定

上頂部から下部まで着果がはかられ、毎年安定多収が可能となる。㋭、㋬は主幹上頂部付近の着果をはかる側枝で、これらの枝はあまり大きくせず、しかも立ち枝で構成するのがよい。あまり大きく、かつ主幹上頂部を斜立枝や水平枝で構成すると、樹冠下部への光の透過を妨げ、樹冠内下部の日当たりを悪くする。

④樹冠下一平方メートル当たりの結果母枝数

せん定後の結果母枝数は、基部の直径が約六ミリ以上の枝で、一平方メートル当たり六～八本あれば十分である。ただし、この本数にこだわり、切るべき側枝や結果母枝を残し、せん定が甘くなるのが最も悪い。結果母枝数が少なくなることは気にせず、仕上げせん定の段階で、結果母枝が六～八本以上あったばあいにかぎり、少なくするという考え方で行なう。

大方のせん定が終わり、結果的に結果母枝が四～五本と少なくなっていても、それはしかたがない。たとえ四～

①せん定前

②せん定後

図3—15　高枝切りバサミによる樹高制限と結果母枝の間引き（7本/m²）

・地上3.5m以上にある枝は3.5m以下になるよう分岐部まで切り戻す

・結果母枝の数は1m²当たり最高で6～8本

五本であっても、的確な管理がされていれば、一〇アール当たり四〇〇～五〇〇キロの収量が得られ、果実も大きくなる。

品種別の好適結果母枝数は、主要品種では大部分が六～七本でよく、八本程度の品種は、やや雌花の着きが少ない銀寄、出雲ぐらいである。

4、半偏円頭体樹形の仕立て方とせん定

第一・第二主枝の受光条件を第一に考える

半偏円頭体は半楕円体とは異なり、上からみた樹冠の投影図はほぼ円形である。また、主枝数は三～四本のため樹冠の長径と短径を区別する必要がない。

樹冠の下枝である第一主枝と第二主枝の受光条件をよくするため、上枝である第三、第四主枝は下枝よりも短くし、樹姿を半偏円頭体に仕立てることが大切である。

せん定の基本的な考え方は半楕円体と同じ

幼木から成木まで、せん定に対する基本的な考え方は半楕円体と変わらない。主枝数が三～四本と半楕円体にくらべて多いだけで、樹高制限、心抜きの時期・方法、必要結果母枝数、必要樹冠間隔もまったく同じである。

ただ、成木段階での樹冠径は六～七メートルと長いため、樹冠内部の枝の配置は、ややむずかしくなる。

5、縮・間伐の時期と方法

最高の収量は樹冠の着果表面積を最大にすることで実現

前にも述べたように、クリの着果をはかるために必要な日射量は、国内の主要な果樹で最も高く、直射光線を受ける樹冠部位でないと着果しない。つまり、クリは樹冠の表面で、しかも日

の当たるところにしか実をつけないのである。

したがって、一本の樹で最高の収量をあげるには、「樹冠の着果表面積を最大にすること」が必要条件である。樹冠の着果表面積を最大にするということは、いかなる樹形であっても、「樹冠の上頂部から地表面まで実をならせること」が必要であるということになる。しかし、実際栽培にあっては、地表面まで枝葉があると、管理作業ができなくなるので、現実には地表面から五〇～七〇センチぐらいの高さが樹冠下部ということになる。

適正な樹冠間隔とは

以上のことから、クリの長期安定多収を前提とした適正な樹冠間隔（樹冠占有率）とは、「樹冠の下枝まで着果させることができる最も狭い樹冠間隔（最高樹冠占有率）」と、定義できる。

なぜ、低樹高栽培で一〇アール当たり八〇〇キロもの収量が得られたか!!

低樹高栽培では、実際にいかほどの収量を上げられるのか、そのばあいの果実の大きさはどうなのかについて、樹齢一三年（植付け後一二年）まで年次的経過をみたのが図である。試験面積は二〇アールで、品種は筑波と石鎚の混植園。混植比率は一対一である。

樹齢の経過とともに収量は急増し、樹齢六年（植付け後五年目）には、早くも一〇アール当たり六〇四キロ、平均果重二一・三グラムと、高品質の果実で、しかもきわめて高い収量を上げることができた。その後、樹齢七～九年までの三年間は、五三〇～五四〇キロ、平均果重一七・一～二一・五グラムと、やや収量が減少した。これは、間伐予定樹の縮・間伐とこれにともなう樹冠占有率の低下が大きく関係しているためである。

写真　10a当たり779kgの着果（長径側）
1m²当たりの結果母枝樹は7本，樹冠の下枝の日当たりがよく，適正な樹冠間隔のため，樹冠の上から下まで着果している

さらに、間伐が終了した樹齢八年での樹冠占有率は六二・九%とかなり低く、園地に占める空間が非常に大きかった。しかしながら、一〇アール当たりの収量はさほど減少せず、五四〇キロと高収量が得られた。このことは、縮・間伐を遅れずに思いきって行なう

半楕円体、半偏円頭体の樹形とも、適正な樹冠間隔は図3―16～図3―19のとおりで、この間隔が、樹冠の上頂部から樹冠の下枝まで着果をはかることができる最小限度の距離なのである。したがって、この間隔が狭くならないよう遅れずに毎年維持することが、その後のクリ栽培の成否をにぎるといっても過言でない。

これまで、わが国の熱心な生産者でも、この縮・間伐を的確に実施してきた人はほとんどなかったのではないだろうか。これは技術的な面もさることながら、大きな空間をつくることに対する精神的な抵抗に起因していると思われる。

ことがきわめて重要であることを示している。

その後樹齢一〇年では樹冠占有率が七二%に達し、一〇アール当たり七七九キロと驚異的な高い収量が得られた。そして、樹齢一一～一二年の二年間は、五八〇キロ前後と減少したが、翌年は七八〇キロに急増した。樹齢一一～一二年に減少したのは、短径側での樹冠間隔がやや狭かったためである。

この段階（一九八六年）で好適な樹冠間隔が初めて理論的にも明確となり、実証することができた（前ページ写真）。なお、実際栽培上での適正な樹冠間隔は、六八～七一ページを参照されたい。

このように、低樹高栽培で従来考えられなかった高収量を毎年安定して上げることができたが、このことはこれまでも述べてきたように、次の事柄によるものである。

①ほぼ、好適な樹冠間隔を維持してきたことよって、樹冠上部から樹冠側面の下部に至るまで着果させることができた（図参照）。

②的確なせん定であったため、樹冠内部まで着葉をはかることができ、葉密度が高く樹勢を健全に維持し得た。

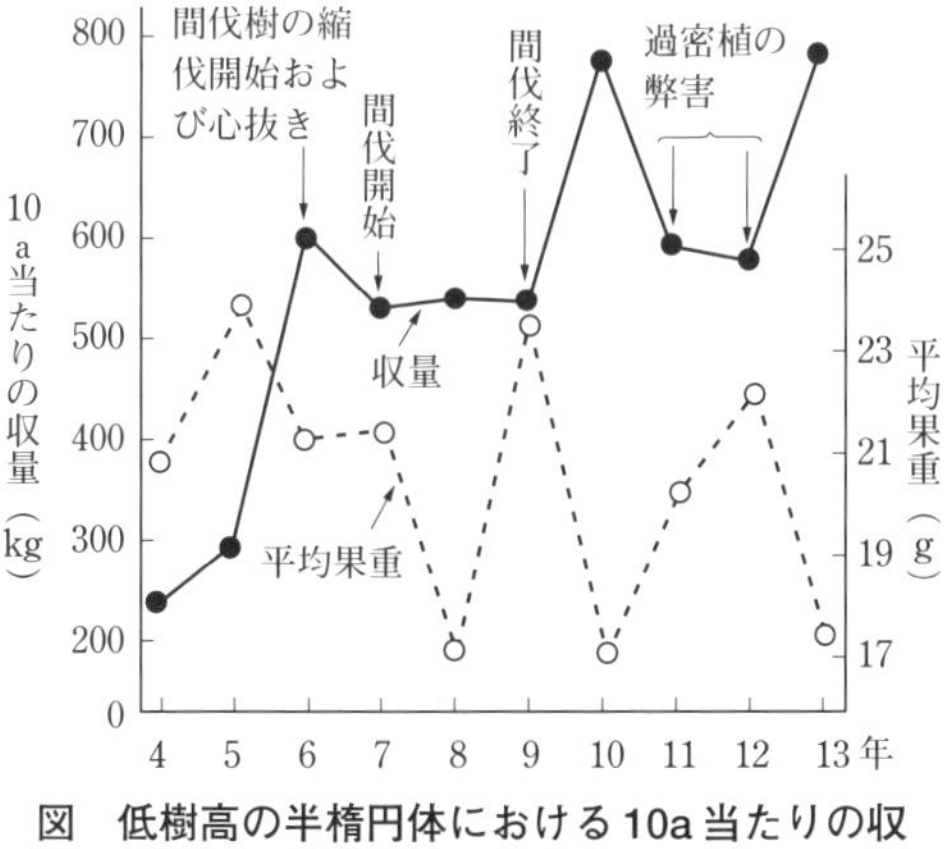

図　低樹高の半楕円体における10a当たりの収量と平均果重の推移（試験面積20a）

間伐予定樹の縮・間伐と樹冠間隔

①間伐予定樹と永久樹との必要樹冠間隔

隣接する間伐予定樹との樹冠距離は、樹冠の下部で一〇〇～一一〇センチ、上部で二一〇～二三〇センチは必要である。これは、樹冠側面の下部まで着果させるために必要最小限の距離である。これでも、枝葉の繁茂する夏になると、樹冠上部で一三〇センチぐらいの距離（間隔）になってしまう。

②縮伐のすすめ方

縮伐樹では大きな枝単位で、まずは太枝をノコギリで思いきって間引き、ついで側枝単位の枝を除く。このばあい、縮伐した間伐予定樹は、当年に長い新梢を多く発生するので、このことも考慮して、思い

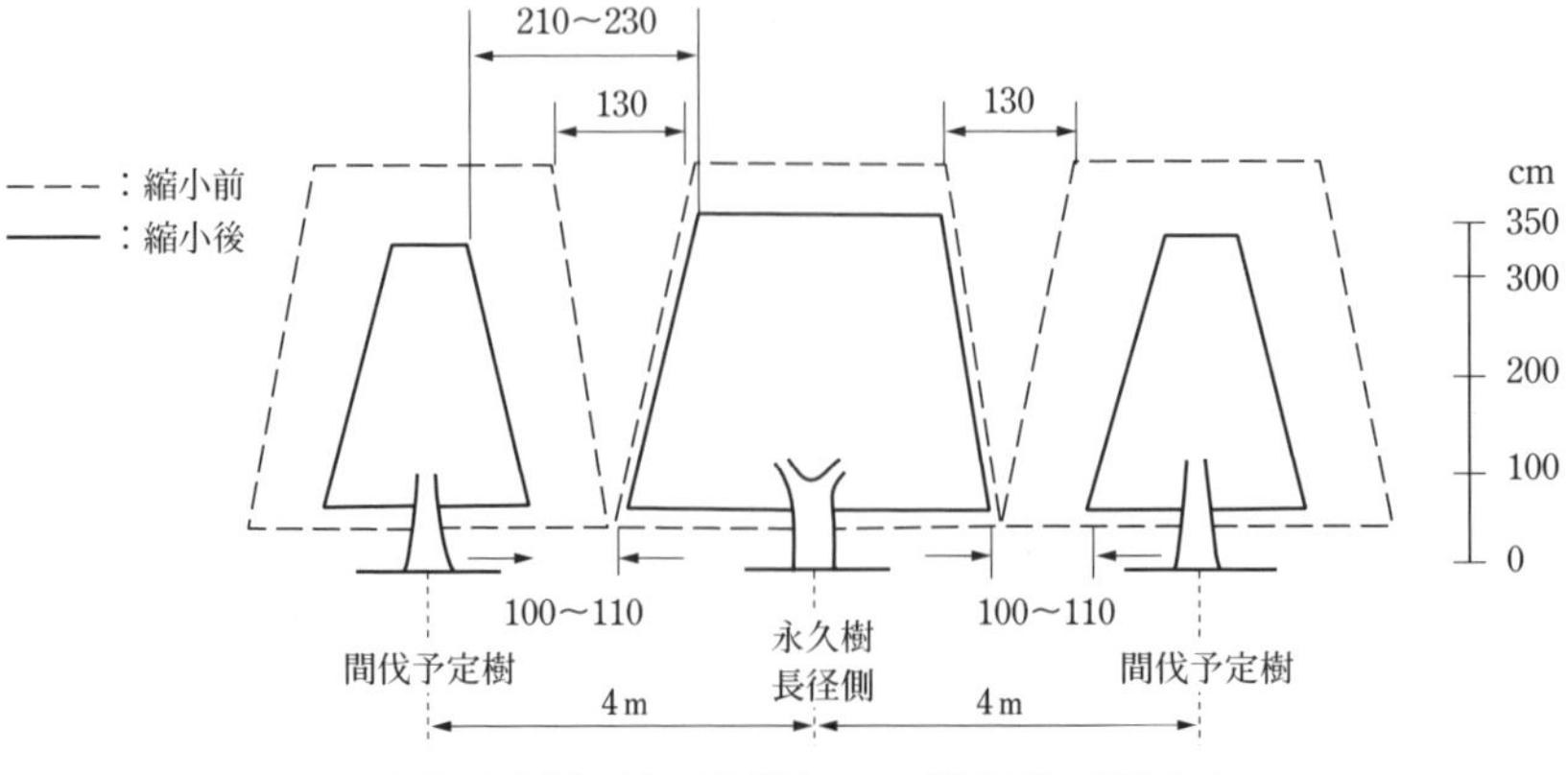

図3—16　間伐予定樹の縮・間伐法および必要樹冠間隔（単位：cm）

図3－17　間伐樹列の縮伐，来年は間伐（兵庫県小仲氏園）
（右：永久樹列，左：間伐樹列）

切ることが大切である。

また、間伐予定樹は永久樹の樹高よりもかならず低くする。

さらに、切り込み部位から発生してくる徒長枝や発育枝が隣接の永久樹に対し、受光を妨げているばあいは、夏期せん定で間引くのがよい。

③間伐のタイミングと方法

間伐予定樹の縮伐は、普通二年も続けると、永久樹と所定の距離をとることが困難となる。このときが間伐の適期である。一本の樹で結果母枝が五～六本程度しか残らないようなばあいは間伐する。

間伐直後の永久樹間の樹冠間隔は、下枝間でもおおよそ二～三メートルとなり、非常に大きな空間ができる。しかし、この時期の間伐はクリの長期安定多収をはかるうえでのがすことができない適期であり、さほど減収しない。この程度の空間ができても、二年後には、ほぼ適正な樹冠に拡大し、収量は一段と増えるのがふつうである。

この空間ができるのをおそれていては、クリ栽培で成功することはできない。中途半端な縮・間伐の判断は失敗につながることを肝に銘じておきたい。

永久樹の樹冠間隔と縮小法

永久樹では、樹冠縮小後の隣接樹との樹冠距離は、永久樹と間伐樹との樹

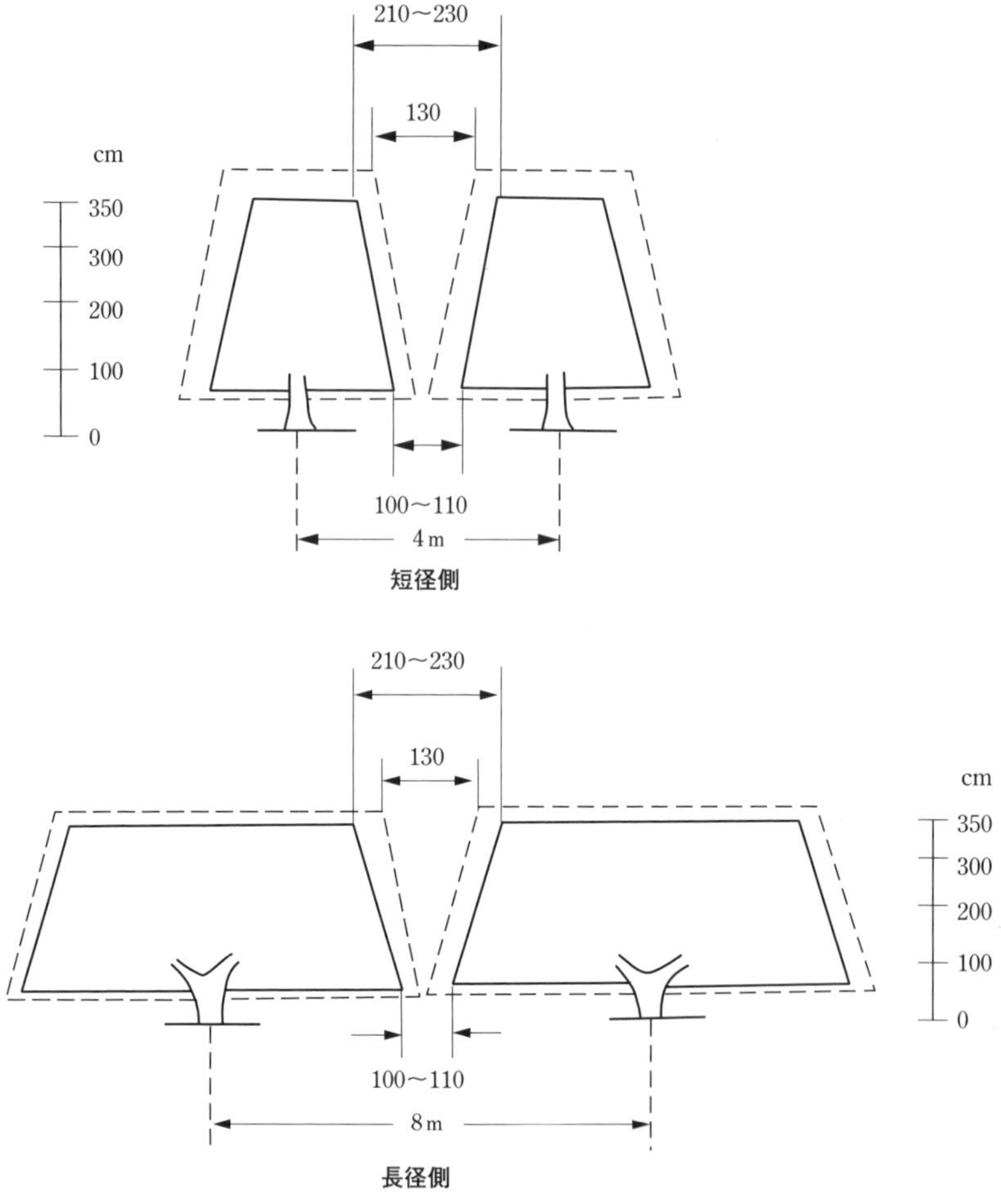

図3−18　永久樹樹冠の縮小法および必要樹冠間隔（単位：cm）

冠距離と同様、長径側、短径側とも樹冠下部で一〇〇〜一一〇センチ、上部で二一〇〜二三〇センチは必要である。

枝を切るばあい注意しなければならないのは、切り縮める位置が枝の途中になるときは、必ずそれより下位の分岐部まで下げて切るか、枝元から間引くことである。どんなばあいでも、枝の途中で切ってはならない。途中で切る（切返しする）と、翌年切り口付近から多くの強い新梢が発生し、さらに日照条件が悪くなり、なんのために切ったのかわからなくなる。

充実した結果母枝や側枝を切り落とすことには、精神的に大きな抵抗がつきまとうが、思い切って切ることがきわめ

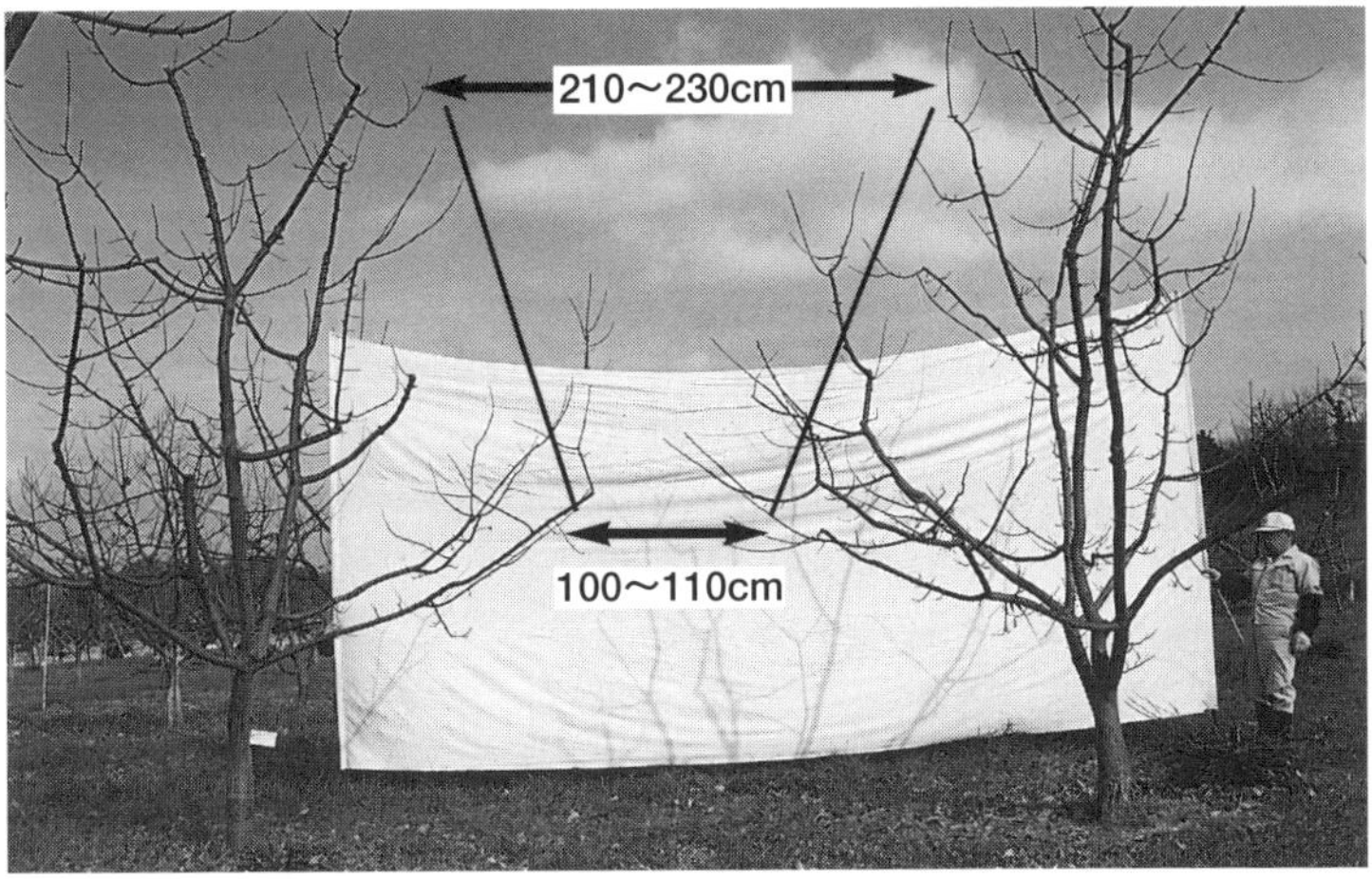

図3―19　縮伐・せん定後の短径間の距離

て重要で、これが必須の技術なのである。中途半端な縮伐では効果が上がらない。

主な品種の読み方・熟期・クリタマバチ抵抗性

品種	読み方	早晩性	熟　期	クリタマバチ抵抗性
出雲	いずも	早生	8月下旬～9月上旬	中
丹沢	たんざわ	早生	8月下旬～9月上旬	やや弱
東早生	あずまわせ	早生	8月下旬～9月上旬	やや弱
大峰	おおみね	早生	9月上～中旬	やや強
国見	くにみ	早生	9月上～中旬	強
人丸	ひとまる	早生	9月上～中旬	中
伊吹	いぶき	早生	9月上～中旬	やや弱
有磨	ありま	中生	9月中～下旬	強
乙宗	おとむね	中生	9月中～下旬	やや強
筑波	つくば	中生	9月下旬～10月上旬	やや弱～弱
紫峰	しほう	中生	9月下旬～10月上旬	強
利平栗	りへいぐり	中生	9月下旬～10月上旬	やや弱
銀寄	ぎんよせ	中生	9月下旬～10月上旬	やや強
秋峰	しゅうほう	中生	9月末～10月上旬	やや強
石鎚	いしづち	晩生	10月上～中旬	強
岸根	がんね	晩生	10月中～下旬	強

4章

年間の作業

1、発芽期から新梢伸長期の診断と作業

発芽の遅れや不ぞろいは要注意

①発芽は二～三日でそろうのが健全

発芽期は、比較的温暖な地域では四月上中旬、やや寒冷地で四月中下旬である。品種によっても若干の差異があり、銀寄は早く石鎚は遅い。しかし、早生種が早く、晩生種が遅いとは限らない。一本の結果母枝の中では、先端数芽の発芽がやや早い。一樹内の発芽の早晩は二～三日で、結果母枝先端の数芽が発芽した二～三日の間にすべての枝がいっせいに発芽・展葉するのが健全な樹の状態である（図4―1）。

しかし、園全体では、樹により、主枝、亜主枝あるいは側枝によって、発芽・展葉に三～四日以上差異があることがよくある。このようなばあいは、かならず樹体に何らかの問題があるので、その原因をみつけて対策を立てなければならない。

発芽の遅れや不ぞろいの原因としては、樹勢の衰弱、凍害、立ち枯れ症（病）、病害虫による被害が考えられる。

②樹勢の衰弱 （一〇八ページ参照）

過密植や不的確なせん定が原因の葉量不足、枝幹害虫の被害、浅すぎる耕土などが原因で樹勢が衰弱する。発芽が遅れたり不ぞろいになるのは、樹勢衰弱のサインでもあるので、凍害や立枯れ、病害虫などの被害がないばあいは、間伐やせん定方法、施肥などを検討して、樹勢の回復に努める。

③凍害 （一〇九ページ参照）

厳寒の年よりも暖冬の年に発生が多い傾向がある。暖冬の年では耐寒性が高まらないためである。樹齢では二～四年生の幼木期に多発しやすい。

④立枯れ症（病）

立枯れ症（病）は樹齢四～一〇年程度の樹で多く発生する。症状はおおむね二つのタイプに分けられる。

一つは、春の発芽・展葉期になっても、発芽・展葉が遅く、新梢の伸びが非常に悪い。そして多くのばあい七月ころまでに枯死してしまう。もう一つは、梅雨明け後、突然葉が黄変しはじめ、早いものでは一週間ぐらいで落葉

して枯死する急激なタイプである。

どちらの症状の樹でも地上部に症状がみられる段階では、細根がすでに黒褐色に腐敗しており、台芽(台木から伸びる新梢)の発生がみられないことが大きな特徴で、効果的な対策がないのが現状である。

図4—1　いっせいに発芽展葉した健全樹

立枯れ症(病)は、マクロフォーマ(Macrophoma)菌とディディモスポリウム(Didymosporium)菌による病気で、黒根立枯れ病と命名されているが、一方において生理障害であるとする説があり、意見が分かれている。いずれにしても、発生しやすい条件は必ずしも限定できず、やっかいである。

防止対策としては、殺菌剤の土壌施用、幼木から若木期は施肥量をひかえめにして生育を抑制ぎみにすること、土壌の理化学性の改善などが考えられているが、まだ効果的な防除法が見つかっていない。

⑤病害虫

(一一二ページ参照)

病害虫の発生が原因になって、発芽が遅れたり不ぞろいになることも少なくない。また、凍害被害樹や樹勢衰弱樹では、キクイムシが発生しやすくなり、より被害を大きくするので注意する。

良好な新梢とは?
——新梢の見方と判断・対策

①新梢の診断は満開期に

クリは頂芽優勢性(枝の先端の芽(頂芽)から発生する新梢は、それより下位節の芽から発生する新梢よりも伸長がおう盛であるという現象)が強く、頂芽から発生する新梢が最も勢力が強い。ついで第二芽、第三芽の順となり、先端部の伸長力の強い新梢が雌花を着生して結果枝となる。しかし、それより下方の芽の新梢は非常に弱性で、ふつう五月上中旬ころにはその大部分が伸長を停止する。

筑波、伊吹、有麿、紫峰、石鎚などの豊産性の品種では、結果母枝（結果枝を発生させる枝）が強勢なほど多くの太い結果枝を発生させる。しかし、あまりに強勢すぎると、結果母枝の長さのわりには結果枝の発生が少なく、着果分布が粗くなる。とくに、銀寄などの品種では、この傾向が強く、結果枝が少なくなる。

以上のように、新梢は長く強すぎても弱すぎても弊害が大きい。したがって、品種や樹齢に応じた適正な新梢伸長、つまり適正な樹勢が保たれるように管理することが大切である。

図4―2～6は、満開期（六月上中旬）における結果母枝の先端一～二芽の新梢（結果枝）について、強さ別に五段階に分類したものである。なお、新梢の診断は、他の時期でもできるが、ほぼ新梢が伸びきった満開期ころがわかりやすい。

②非常に強い新梢

・伸び方の特徴

結果母枝の先端一～二芽の平均新梢長がおよそ六〇センチにも達し、先端がわん曲しているばあいは、非常に強い新梢である。節間が長くて葉が大きく、先端部の未展葉部（葉が開き切っていない部分）とその下位節との節間が長い。これは、この後も伸長が盛んなことを示している。

新梢の伸長停止時期は七月下旬以降で、新梢長は八〇センチ以上となる。新梢が長いわりには枝が細く、徒長的で、着果数が少ないが果実は大きい。このような生長が数年続くと、樹体にしまりがなくなり、強固な骨格形成ができなくなるばかりでなく、樹冠内の葉密度が低くなる。

一般には、栄養生長の盛んな幼木、若木および更新せん定樹、チッソ過多の園などでみられる。品種的には、樹勢が強く枝の分岐が少ない出雲、利平栗、岸根などでよくみられる。

・対　策

非常に強い新梢が伸びて樹勢が強い樹の対策としては、チッソ質肥料の施用をひかえ、夏肥としてのチッソは施さない。

幼木～若木期には、五月下旬～六月上旬ころに新梢の先端一～二節（未展葉部）を爪で摘心する。こうすると、摘心部付近の節から数本の新梢が伸長し、充実した結果母枝に生長する。（一一ページ図1―8参照）。

また、非常に強い新梢が多いばあいは冬期せん定を軽くする。そして、間引きせん定を主体とし、切返しせん定はほとんど行なわない。なお、幼木期は樹勢が強くこうした新梢が多いが、間引きせん定と五月下旬～六月上旬の摘心を組み合わせることで、着果量が多くなるうえに、樹勢もほどよく落ちついてくる。

③強い新梢

結果母枝先端一〜二芽の平均新梢長が、おおよそ四〇センチに達しているのは強い新梢である。新梢の先端はわん曲していることが多く、節間がやや長く、葉も大きめである。先端部の未展葉部とその下位節との節間が長く、この後も伸長が盛んなことがわかる。新梢伸長の停止時期は七月下旬ころで、新梢長は六〇〜八〇センチに達する。

樹齢三〜四年生の間はこれぐらいの新梢長がよいが、五年生以降の樹では伸びすぎである。収量はやや少ないが果実は大きい。

国見、伊吹、筑波、紫峰、石鎚などの豊産性品種では、当年以上に翌年の増収が期待できるので、この程度の新梢を目標にするとよい。しかし、銀寄では伸びすぎで、さほど期待できない。銀寄では四〇〜五〇センチくらいを目標に栽培管理する。

対策としては、年間のチッソ質肥料をややひかえめにし、それでも新梢伸長が強すぎるばあいは、夏肥を施用しない。とくに、銀寄ではふつうよりも二〜三割少なく施す。せん定はやや弱めかふつうに行ない、間引きせん定を主体にする。

図4−2　非常に強い新梢

図4−3　強い新梢

④中庸な新梢

結果母枝先端一～二芽の平均新梢長が二五～三〇センチに達し、先端がまっすぐなのは中庸な新梢である。節間長、葉の大きさともに中庸である。先端部の未展葉部とその下位節との節間がやや短く、先端部位の勢いがさほど感じられない。

新梢の伸長停止時期は七月上中旬で、長さは三五～五〇センチである。ちなみに、樹齢四～六年の若木期では五〇～六〇センチ、成木期で四〇センチ前後がよいと思われる。新梢の太さ（元口直径）は、九月の段階で八ミリ以上が理想である。

対策としては、現在の樹勢が維持できるように収量や果実の大きさなどから施肥量を決定し、冬期せん定はふつうか、やや強めとし間引きせん定を主体とする。

⑤弱い新梢

結果母枝先端一～二芽の平均新梢長

図4－4　中庸の新梢

図4－5　弱い新梢

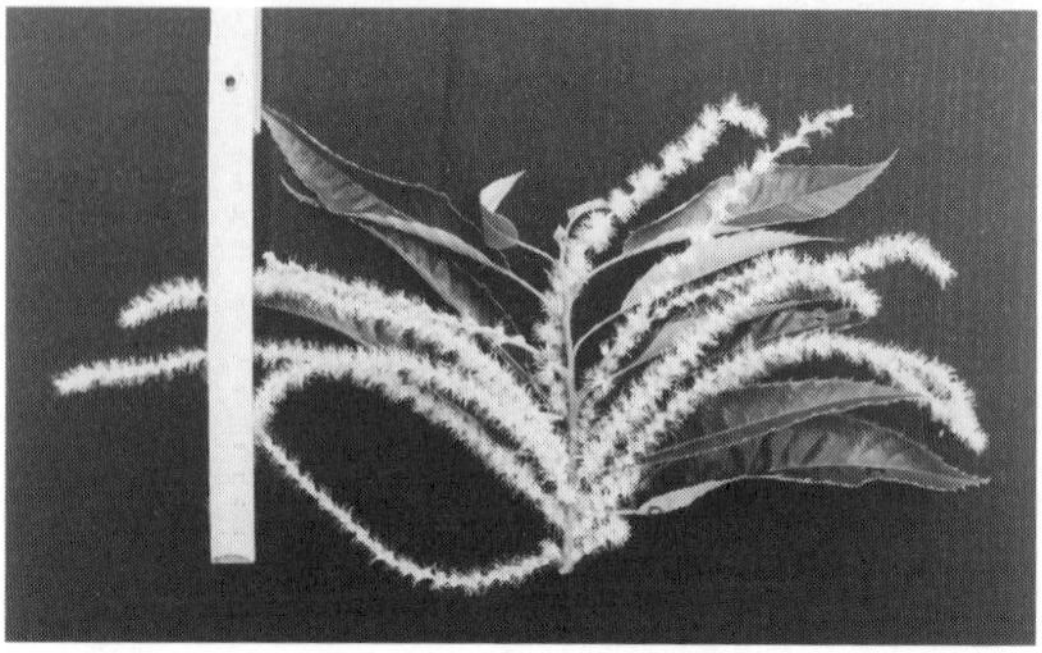

図4－6　最も弱い新梢

が一五～二〇センチに達し、節間長が短く葉が小さいのは、弱い新梢である。新梢の伸長停止時期は六月中下旬で、平均新梢長は二〇～二五センチである。

幼木～若木期でこの程度の伸長量なら、かなり問題である。一般には有効土層が浅いばあいや、排水不良あるいは病害虫被害に起因していることが多い。成木期では、整枝・せん定の不徹底や、過密植などによる葉量不足が主因であることが多い。

対策としては、まず第一次原因を明らかにし、その対策を講じる。さらに、せん定は強く行ない、樹冠内下部の葉密度を高め、樹勢を回復させることが大切である。

⑥非常に弱い新梢

・伸び方の特徴

結果母枝先端一～二芽の平均新梢長は十数センチで、節間長は極端に短く、葉が小さいばあいは、非常に弱い新梢である。新梢の伸長停止時期は六月上中旬で、雄花の満開期に伸長が停止する枝が多く、平均新梢長は一五センチ未満である。この程度になると、収量が少ないうえに、果実も小さくなり、当年以上に翌年が心配される。衰弱がひどいときは、胴枯れ病などにおかされ、枯死することもある。

・原因と対策

原因としては次のことが考えられる。

①整枝・せん定の不徹底と過密植による葉量不足、②枝幹害虫被害（カミキリムシ類、カシワスカシバ、コウモリガなど）、③排水不良や有効土層の不足、④肥料不足、などである。

樹齢一〇年以上経過し、これまでとくに問題がみられなかった園や樹ではその主因が①～②、あるいは①～②と④にあることが多い。

対策としては、第一次原因をみきわめて、その善後策を講じる。さらに、根に蓄積されている少ない貯蔵養分を有効に利用するため、冬に主枝単位で漸次更新せん定あるいは一挙更新せん定を行なう（三六、四三ページ参照）。

新梢伸長が止まる時期で生育診断

①健全な成木樹での新梢の生育相

クリの根群の伸長始めは、リンゴ、モモ、ナシなどと同じように、新梢の発芽・伸長よりもかなり早く三月上旬ごろである。したがって、四月上中旬にはすでにかなりの新根が伸長しており、四月下旬になるといったん新根の伸長が衰える。

地上部の新梢は四月中下旬ごろから

発芽・展葉し始める。その後、五月中旬から下旬までの間は、新梢伸長の速度が衰えるが、これは花穂の生長による養分の消費が大きいためである。そして、六月上中旬にふたたび新梢伸長が盛んとなり、しばらくした六月下旬から七月上旬には、ほとんどの新梢が伸長を停止する（図4—7）。

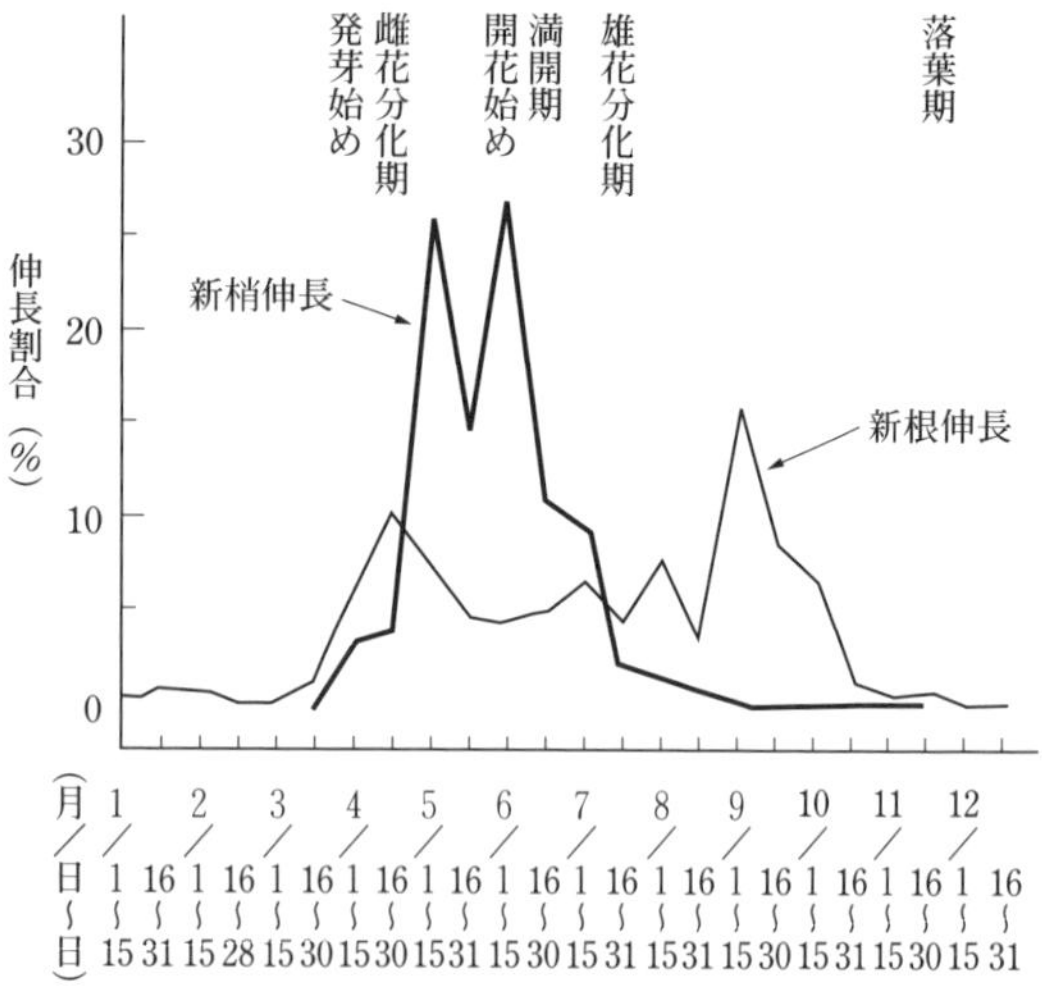

図4—7　岐阜県中津川での'銀寄'クリ樹の生育相

（片岡，塚本）

新梢伸長は，結果母枝の頂芽から発生した新梢の伸長を示す

以上が樹勢中庸の成木樹における生育相であり、生育診断の目安にしていただきたい。このリズムがくずれているときは樹勢が強すぎたり弱すぎるばあいで、何らかの対策が必要になることが多い。なかでも、新梢伸長の止まる時期がもっとも樹勢や生育相を反映しており、生育診断の目安として重要である。

②同一樹内での新梢停止時期のちがいと診断部位

新梢の停止時期は、同一樹内でも新梢によって大きくちがい、樹勢中庸の樹でも五月上旬～七月中旬の幅がある。したがって、新梢長は数センチのものから五〇～六〇センチ以上に達するものまであり、まちまちである。

直立した太い結果母枝（または発育枝）の先端数芽から発生する新梢の伸長はきわめて盛んだが、それより下位節の新梢伸長は弱い。また、樹冠の下部よりも樹冠の上部から発生する新梢が強い。さらに、樹冠内下部の弱い小枝から発生する新梢は、先端芽であってもきわめて弱いのがふつうである。

以上のように、新梢の伸長停止時期は著しく異なるが、一般にいう停止時期は、樹冠表面の平均的な結果枝（無着果樹は発育枝）の伸長時期を指標として診断している。これは、結果枝（発育枝）の伸長停止時期と樹勢や樹の栄養条件には密接な関係があること、外観的に容易に診断できることなどによる。

次に樹冠表面の結果枝の伸長停止時期を指標として、その影響について述べる。

品種、樹齢、着果量のちがいと新梢の停止時期

①品種によるちがいと診断

若木期以降は、早生種のほうが中・晩生種にくらべて新梢の停止時期が早い。これは、早生種は中・晩生種にくらべて毬果の発育が早く、六月上中旬の雌花の満開直後から急速に発育すること、さらに果肉の肥大も七月下旬から始まり、光合成産物と養水分の多くが早くから毬果に取り込まれることなどのためと考えられる。

早生種のなかでも、豊産性の丹沢や伊吹などは、樹勢がきわめて強い出雲にくらべて新梢停止時期が早い傾向にある。つまり、新梢の停止時期は品種によるちがいもさることながら、基本的には樹勢の強弱や着果量に強く影響されているのである。

②樹齢の影響

好適な新梢の停止時期は、樹齢によってちがう。兵庫県では、二～四年生の幼木期で七月中下旬、五～七年生の若木期で七月中旬、八年生以降の成木期で七月上中旬が適期で、北の地方ではやや遅くなる。これは幼木、若木、成木によって栄養生長（枝葉の生育）と生殖生長（花芽や果実の生育）の強さのバランスがちがうためであり、好適な両生長のバランスは樹齢によって異なる。

ちなみに、二～四年生の幼木期では、栄養生長がかなり盛んなのが正常な生育であり、幼木にもかかわらず、新梢の停止時期が六月下旬ごろと早いのは、樹勢が弱いと診断できる。しかし、着果量が中～多の成木樹では、停止時期が六月下旬ごろというのは、やや弱いもののさほど問題とならない。成木のばあいは、やや強めの整枝・せん定による樹体管理、あるいは施肥量をやや増やすなどの対策によって、比較的容易に好適な生育相にもっていけるばあいが多いからである。

③着果量の影響

新梢伸長の停止時期は着果量にも強く影響される。一般に着果が多いと停止時期が早くなり、少ないと遅くなる。この傾向は中晩性種よりも早生種でよりはっきりしている。樹齢的には、幼木ないし若木期は栄養生長が盛んなため、比較的着果量の影響が少ないが、生殖生長の盛んな成木樹では敏感に反応する。したがって、着果量に応じて施肥量、とくにチッソ質肥料をやや多

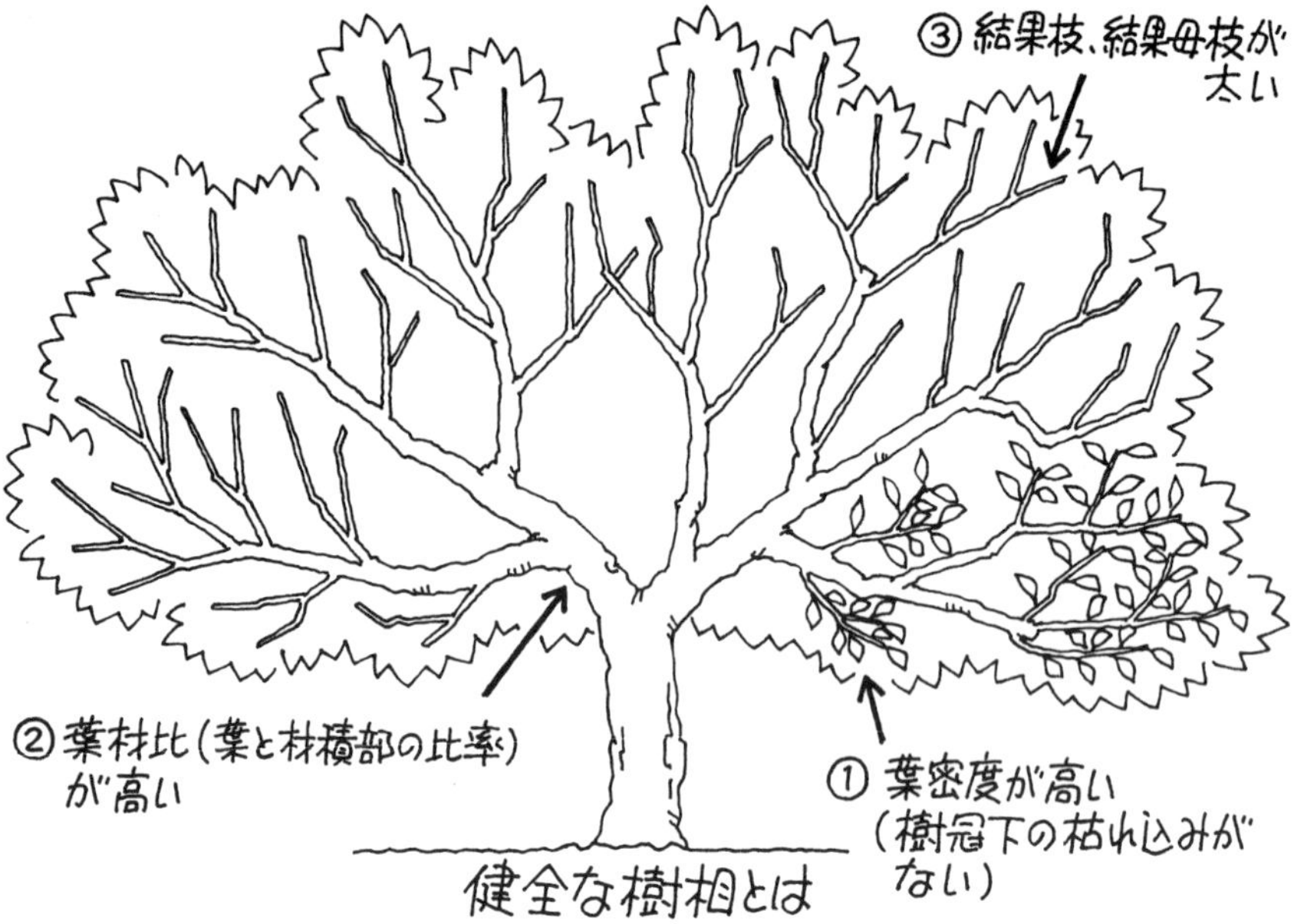

めに施用する必要があるが、根本的には健全な生育を維持するために、土壌管理やせん定が適切になされているかをあらためて点検することが大切である。

健全な樹相とは

樹相とは、葉量の多少（葉密度）、材積量の多少、樹高と樹冠幅の割合、新梢長などから総合的にみた樹の生育の状態のことである。

健全な樹相とは、①葉密度が高いこと（樹冠内下部の枯れ込みがないこと）、②地上部を支えている材積部（木部）が少なく葉が多いこと、つまり葉材比（材積部に対する葉の比率）が高いこと、③結果枝あるいは結果母枝が太いことなどがあげられる。これらの条件を満たした樹では、たとえ着果量がかなり多くても新梢伸長がよく、停止時期が早すぎることが比較的少ない。

樹相はよいが、新梢伸長が弱いと診断されたばあいは、五月中下旬に速効性のチッソを追肥するのがよい。なお、こうした樹は着果量が十分にあるが、やや樹勢が弱いばあいでも、五月中下旬の追肥で樹勢が回復すれば、多収を上げることができ、目標にしている樹に近いといえる。

2、結実から果実肥大成熟期の樹相と作業

結実には果樹の中で最大の光量が必要

図4—8は、樹冠内の日射量と雌花数について調査したものである。結実をはかるための最小日射要求量は、幼果期の生理落果も考慮すると、実際栽培にあっては自然日射の二五～三〇％は必要である。二五～三〇％の日射量は、直射光線を受ける樹冠部位でないと得られない。この要求量は、日本で栽培されている各種果物の中にあって、第一位にランクされる。

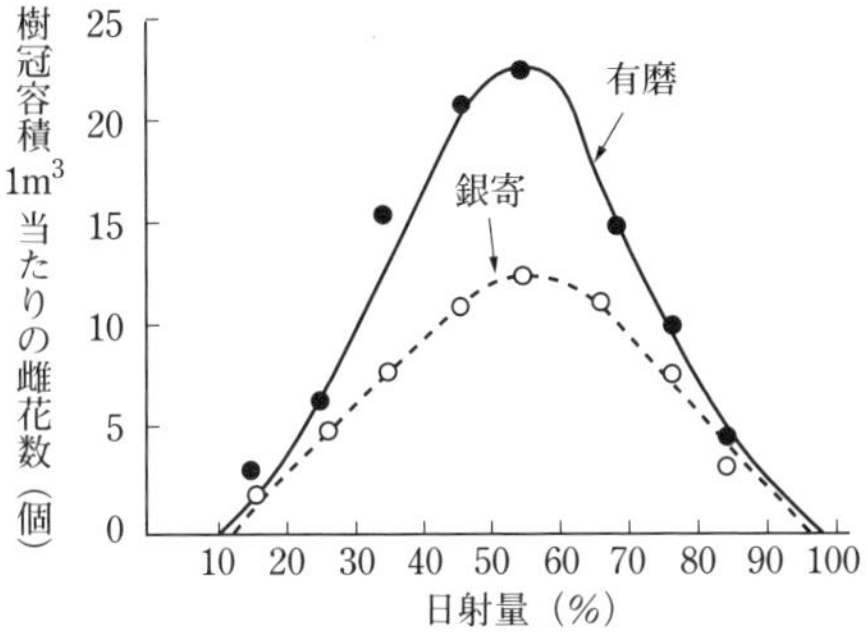

図4—8　50～60％の光を受けているところが最も雌花が多い——樹冠内日射量と雌花の着生数との関係

　なお、雌花のつく数は日射量の増加とともに急増し、自然日射の五〇～六〇％の光量で、最大の雌花密度となる。しかし、これ以上の光量になると、雌花数は急減する。これは光量の過剰によって雌花が減少するのではない。五〇～六〇％以上の光量を受けている樹冠部位は、樹冠上頂部で枝の分布が粗く、葉量の少ない場所である。そのため、結果枝が少なく雌花も少なくなっているのである。

園内や樹冠内の日射量診断の方法と対応

　雌花をつけるのに必要な最小日射要求量は、自然日射の二五～三〇％の光量であるが、この光量は樹冠のどの部位にあたるのであろうか。これは、枝葉の繁茂している夏に成木のクリ園にはいって観察するとわかる。この観察こそが、クリの結実特性を理解し、整枝・せん定と縮・間伐を的確にする第一歩である。

　樹冠のなかでところどころ着果している部位があるが、ここがおおよそ二五～三〇％の日射量を受けているところと思われる。この部位の結果枝は細いが、そのわりには長めであろう。ま

た、着果はしていないが、やや軟弱なおよそ五ミリ未満の太さの細長い枝がみられるところが、自然日射の二〇%前後の光量を受けている部位である。そして、弱小な小枝（緑枝層）のあるところが一〇～一五%、さらに葉がなく枯れ込んでいるところが一〇%以下の日射量を受けている部位と考えられる。

こうして夏に観察した枝の長さや太さ、葉の量や厚さ、大きさ、着果分布などを冬になったら思い起こし、もう一度結果母枝の資質と分布を観察するのである。冬には葉とイガはないが、結果母枝の太さや長さ、密度は夏と同じである。このような丹念な観察にもとづいて、せん定や肥培管理をするようにしたい。

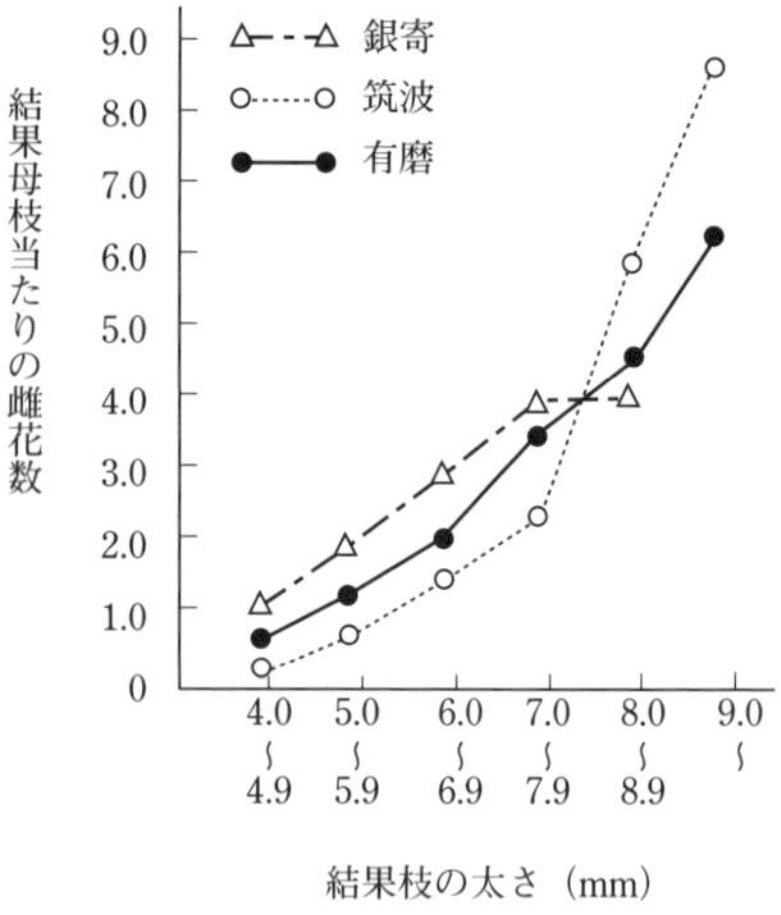

図4―9　結果枝が太いほど雌花の着生数が多い

収量の成り立ちと左右する条件

クリの収量を高めるには、生理落果の少ない充実した雌花を多くつけ、大きい果実に育てることにつきる。つまり、結果母枝当たりの雌花数を多くつける、生理落果を少なくする、果実の肥大を高める、の三つが実現できれば多収となるのである。

①雌花を多くつける

結果枝を発生させる結果母枝は太いほどよく、太ければ多くの雌花を着生するが、長さについては長いほどよいというわけではない。太さのわりには短い枝がもっともよい。太くて充実した枝は、樹冠内の下部で光が不足しているところではみられない。

品種によって若干異なるが、結果母枝の太さ（元口直径）が八～九ミリなら、一本の枝で四～六個もの雌花をつけることができる（図4―9）。せん定後の必要な結果母枝数は樹冠占有面積一平方メートル当たり六～八本で十分と前述（三二ページ）したが、このことからも納得していただけると思う。

②早期落果を防ぐ

開花後の落果、つまり幼果期の生理

落果は早期落果と呼ばれ、ふつう六月下旬（雄花の開花終わり）ころから急激に始まり、七月中下旬に終わる。

この落果は結果枝の太さに強く影響され、結果枝が太いほど落果は著しく少なくなる（図4—10）。これは、結果枝が太いほど充実した雌花をつけるうえ、枝の栄養状態がよいためである。また、結果枝の太さは結果母枝の太さと密接に関係しているので、早期落果を少なくするには太い結果母枝をつけることである。

ただ、八月上中旬以降に起こる落果は後期落果と呼ばれ、不受精または受精後の胚の発育不良と病害虫によるばあいが多い（八九～九〇ページ参照）。

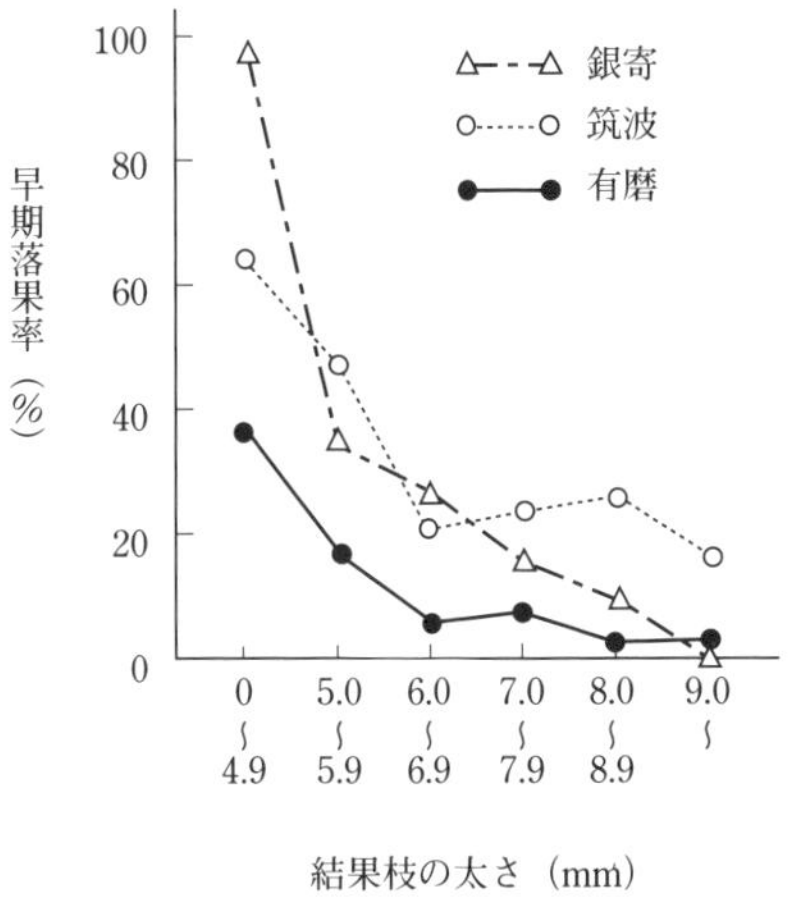

図4—10　結果枝が太ければ早期落花（果）は少ない

③果実を大きくする

果実の大きさも結果枝の太さに強く影響され、結果枝が太くなるほど果実が大きくなる（図4—11）。

このように、クリの収量や品質を直接左右する雌花の着生数、生理落果、果実重などは、結果枝や結果母枝の太さにきわめて強く影響される。したがって、収量を高めるためには、枝の伸長あるいは樹冠の早期拡大ばかりに目を向けず、い

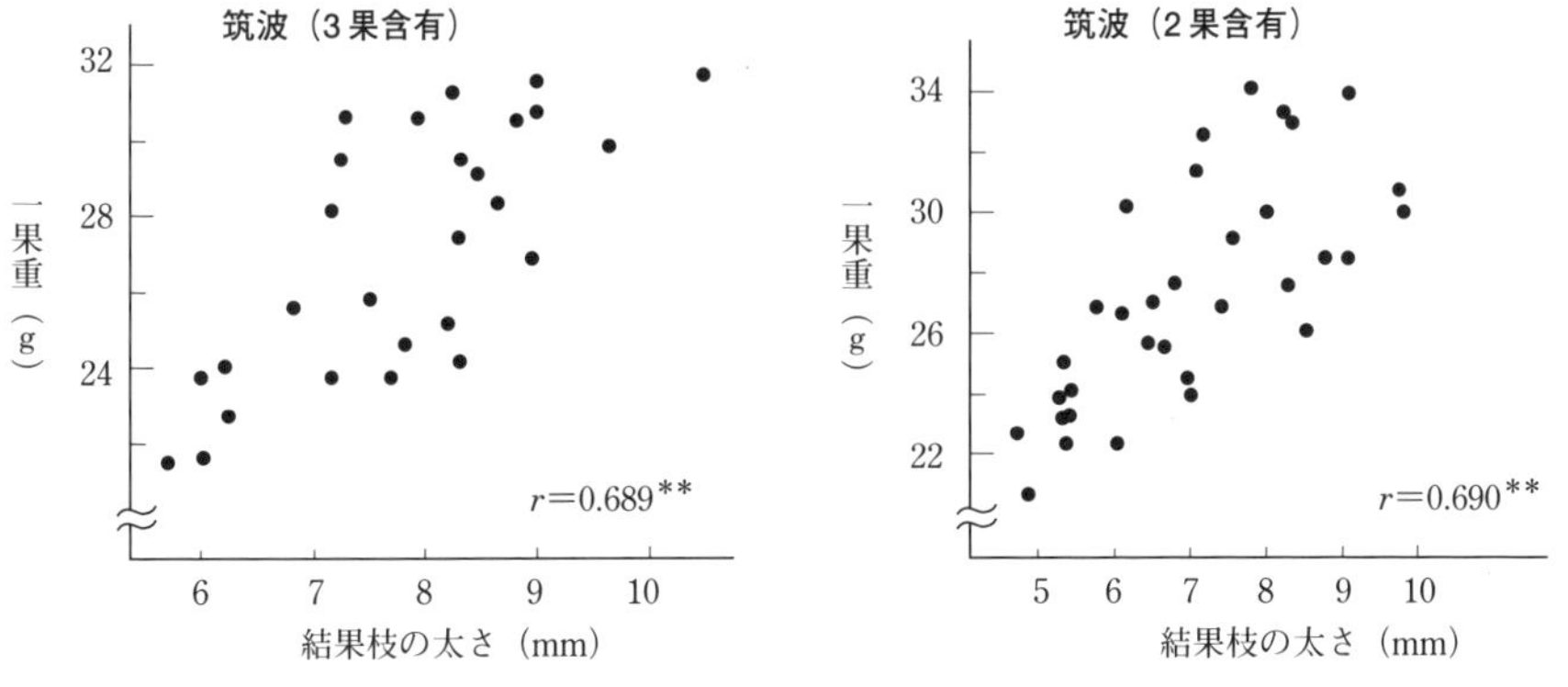

図4—11　結果枝が太いほど果実が大きくなる

表4−1　樹冠の高さ別日射量と結実の関係

樹冠の高さ	相対日射量	結果母枝数	結果枝数	雌花数	結果母枝当たりの雌花数	早期落果率	果実重	毬果中の含果数
上部 (3〜4.5m)	81%	62 (24.4)	186 (29.7)	298 (30.6)	4.8	8.7%	15.0g	2.69
中部 (2〜3 m)	50%	95 (37.4)	243 (38.7)	377 (38.8)	4.0	11.1%	14.9g	2.95
下部 (0.5〜2m)	35%	97 (38.2)	198 (31.6)	298 (30.6)	3.1	16.9%	13.5g	2.54

注）1．（　）内数値は分布割合（%）
　　2．供試樹：樹齢8年生の有磨，樹高4.5m，樹冠径5.9m，樹当たり収量は37.2kg

かに太い結果母枝や結果枝を発生させ、しまりのある強固な樹体にしていくかが大切である。

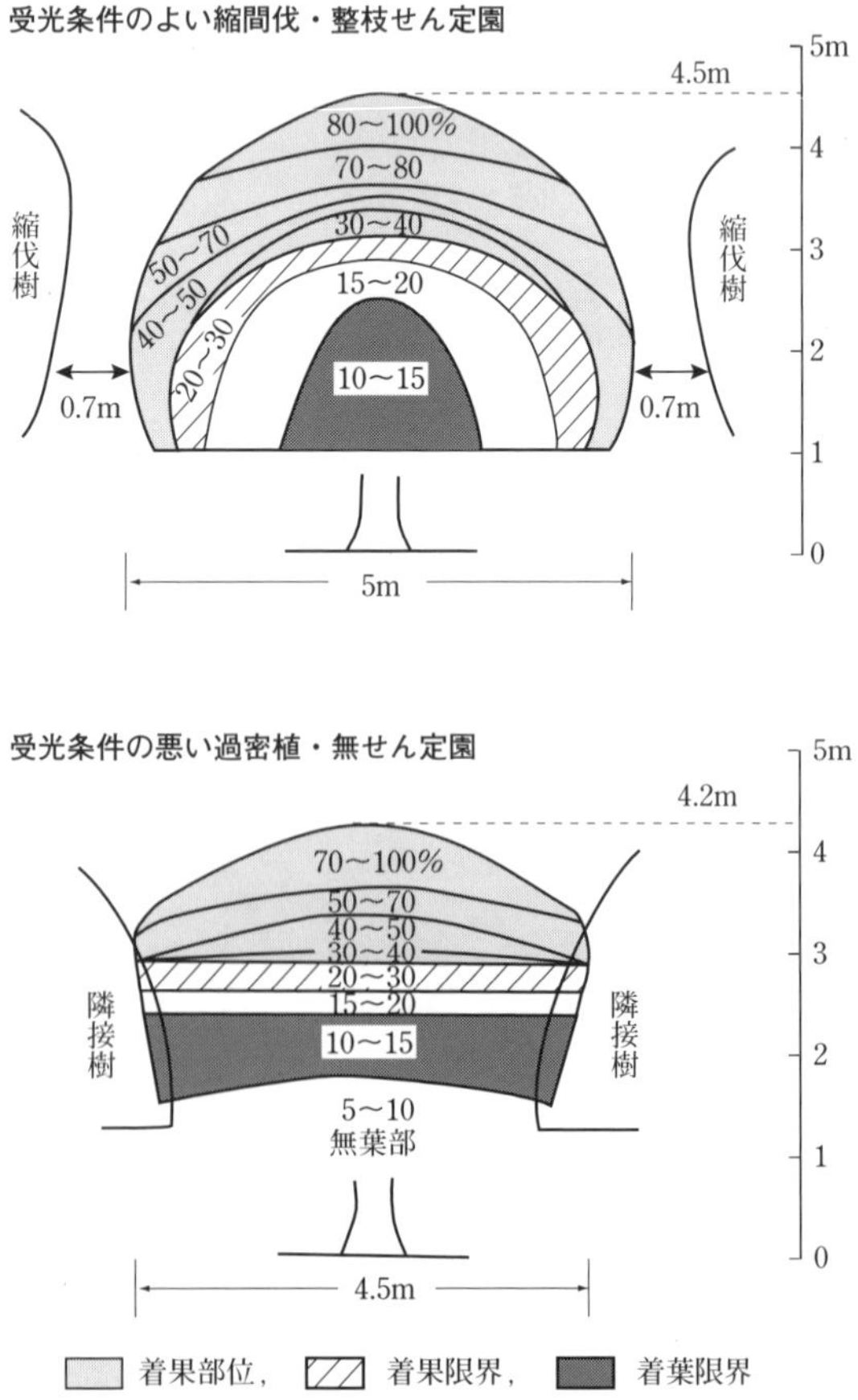

図4−12　受光量分布と着果および着葉分布

結果枝、結果母枝の太さ、雌花数は日当たりのよしあしで決まる

収量や品質を左右する結果母枝や結果枝の太さは、日当たりの良否に強く影響される。クリは光に対してきわめ

て鋭敏に反応し、しかも日射要求量が多い。だから、いくらすばらしい土壌条件で栽培しても日当たりが悪いと、太い充実した結果枝を発生させることができない。

一般のクリ園では、樹冠の上層部ほど太く充実した結果母枝が伸びており、結果母枝当たりの雌花数は多く、早期落果が少なく、果実も大きくなるという性質がみられる。これには、日射量の多少が強く関係している。

図4―13　受光条件が悪く内部が枯れ上がっている過密植園

表4―1は樹冠の高さ別の日射量（相対日射量＝まったく日陰を受けないところの日射量に対する割合）と結実の関係をみたものである。樹冠の高さ別に雌花の着生割合をみると、上層部が三〇・六％であるのに対して、中層から下層部で六九・四％を占め、この部位での雌花着生数が多いことがわかる。このことは頂部優勢の強いクリでも、有効な日射条件下なら、樹冠の下層部でも十分に結実することを示している。なお、一般の過密植園や無せん定園での下層部の日射量は五～一〇％である。

受光条件のよい樹と悪い樹のちがい

先に述べたとおり、クリは日当たりがよいと下枝でも十分に着果する。図4―12は的確な整枝・せん定と適正な樹冠間隔が維持されているクリ園と、過密植の無せん定園での受光量分布と着果分布について調査・比較したものである。図中の数字は、自然日射（日陰をまったく受けないところの光量）に対する割合、つまり相対日射量を示している。

過密植の無せん定園では、樹高がわずか四・二メートルの若木園にもかかわらず、すでに樹冠内下部の枯れ込みがかなりすすんでいるだけでなく、樹冠頂部から下部にかけての受光量の減り方が急激で大きい。これは光が入ってくるのが樹冠の上からだけであり、樹冠の周り（側面）からは入ってこないうえ、無せん定園であるため枝葉は樹冠の上部に密集し、いっそう光の透過を悪くしているためである。したがって、着果は樹冠の上頂部に限られるので、着果表面積が小さく、葉量も少ない。ちなみに、このままの状態にしておくと、翌年にはさらに一メートルほど樹冠が枯れあがり、翌々年には、着用層の厚さがわずか二メートルくらいと、ほぼ平面化し、着果表面積の急減と収量が激減することになる。

　これに対し、縮伐・せん定園では、樹冠内下部までかなりの光が入り、枯れ込みがまったくみられない。このため、樹冠は半球体に近く、着果表面積が非常に大きくて葉量も多いため、当然収量が多く品質がよい。

落果の診断と対策

①落果にもいくつかのタイプがある

　クリの花は雌雄異花で、雄花は非常に多くつくが、雌花は少ない。したがって、せっかくつけた雌花は、その後落果させないよう確実に結実させたい。1章（一八～一九ページ）でも若干ふれたように、クリの落果原因は生理的なものと、病害虫によるもの、および台風などで物理的に振り落とされるものに大別できる。

　生理落果は、六月下旬～七月中下旬に起こる早期落果と、八月上旬に始まって八月下旬に終わる後期落果に分け

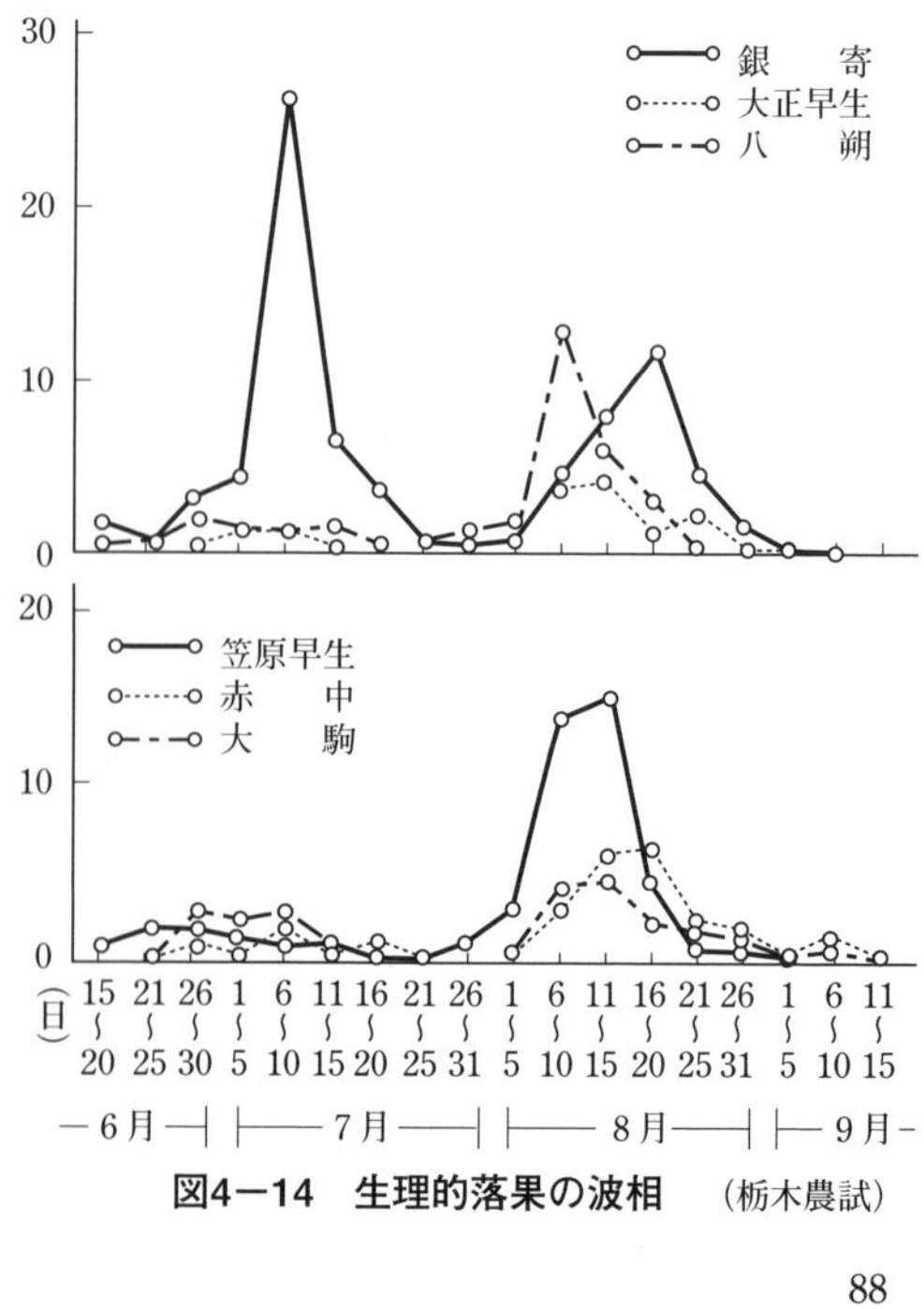

図4－14　生理的落果の波相　（栃木農試）

られる（図4―14）。早期落果と後期落果は、原因が異なる。早期落果は品種によって、激しく起こるものからあまり問題にならないものまであり、一様でない。しかし、後期落果については品種による差異が早期落果ほど明確でなく、各品種にみられる共通的な現象である。

②早期落果と対策

早期落果は、結果枝や結果母枝の資質、開花前後の日照条件、樹冠内の受光量の多少などに強く影響されるが、受粉の有無とは無関係である。早期落果の原因と対策は八五ページ（図4―10）を参照されたい。

③後期落果と対策

八月に入ってから起こる後期落果は、その多くが不受精によるものである。表4―3に示すように、クリは自家受粉（自分の花粉で受粉・受精し結実すること）でも一部は結実するが、現実の栽培からみると他花受粉によって結実すると考えてさしつかえない。

さらに、クリは一個の毬果に三個の果実（種子）が入るのが正常な毬果である。したがって、クリ栽培にあって、計画的な授粉樹の混植はひじょうに重要である。ちなみに、不受精による落果か否かの診断は、落果した毬果をむいて幼果を調べるとよい。不受精果は、果肉の肥大がなく、いわゆるシイナとなっているので、容易に判別できる。

花粉は主として風によって運ばれ、好適な条件下では、最高一〇〇メートル以上も飛散することが知られている。しかし、実際の栽培上で不受精による落果を少なくし、三

表4－2　早期落果と受粉は関係ない
――銀寄の受粉の有無と早期落果との関係　（栃木農試）

区	1958年	1959
受粉区	52.3%	11.3%
放任区	69.6%	12.7%
花粉遮断区	59.3%	10.0%

表4－3　自家受粉と他家受粉の結実歩合と含果数　（栃木農試）

品種品	毬果の結実歩合		平均含果数		果実の結実歩合	
	自家受粉	他家受粉	自家受粉	他家受粉	自家受粉	他家受粉
銀寄	25.5%	63.6～90.9%	1.2	1.7～2.5	10.5%	36.4～64.1%
筑波	42.1%	66.7～69.4%	1.3	1.7～2.3	18.4%	47.0～62.1%
丹沢	27.6%	63.6～94.6%	1.1	1.5～2.2	10.3%	31.8～81.5%
伊吹	24.4%	81.8～100 %	1.5	1.7～2.8	12.2%	47.7～87.9%
利平栗	13.9%	42.4～82.5%	1.2	1.4～1.9	5.6%	19.2～48.5%

果を含む毬果を多くするには、おおよそ一〇メートル以内に異品種が混植されていることが望ましい。

図4—15は九メートル間隔で植えられているクリ園で、授粉樹からの距離と後期落果との関係を調べたものである。授粉樹と隣り合っている樹（九メートル）の落果率は八〜二〇％と少ないが、二列目（一八メートル）では二三〜三五％、三列目（二七メートル）では三二〜四〇％と、離れるにつれて落果率が高くなっている。したがって、植付け当初から混植距離と品種の組み合わせを考えておく必要がある。間伐後の永久樹列の隣には、異品種の永久樹列がくるように植栽する。

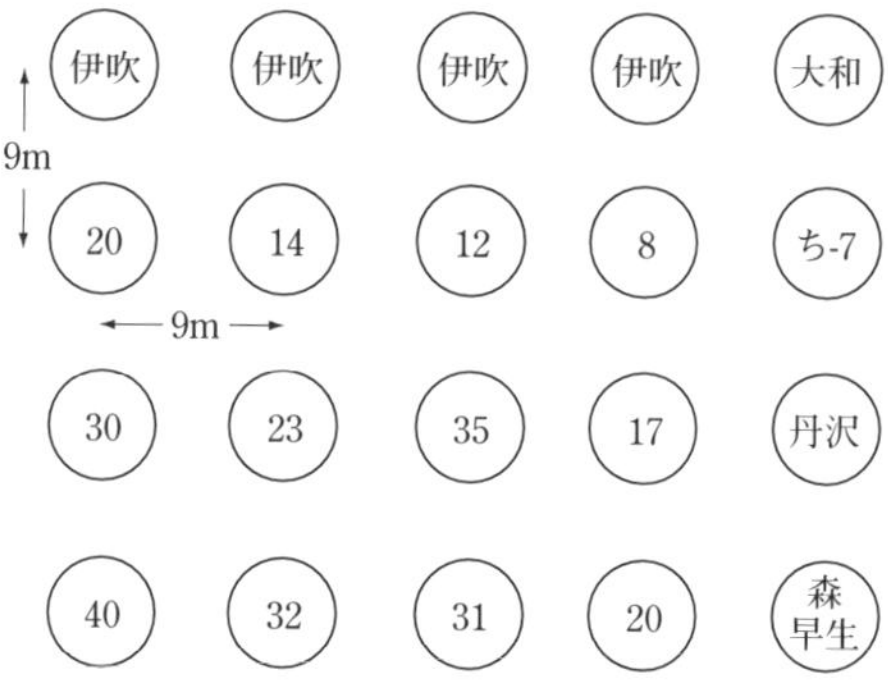

図4－15　授粉樹の距離と落果率（塚本）
品種は筑波，単位は％

④病害虫による落果と対策

落果の原因になる主要病害虫としては、実炭そ病、実ぐされ病、クリイガアブラムシ、モモノゴマダラノメイガ、ネスジキノカワガなどがある。被害、対策などは病害虫の項（一一二ページ）を参照のこと。

⑤台風など物理的な落果と対策

クリは、秋に収穫する果物のなかで、最も台風の被害を受けやすい。クリは熟してくるとイガが裂開し、自然に落ちるためである。とくに、収穫前一週間ぐらいになると、風速一五メートル程度でも落ちてしまう。

ただ、品種によって、風害の程度は大きくちがう。主要品種のなかで最も風に弱いのは銀寄である。続いて丹沢、伊吹が弱い。逆にかなり強い品種は石鎚、次いで筑波である。その他の品種は中ぐらいである。したがって、風当たりのよい場所には石鎚や筑波を、風の少ない場所には銀寄を植えるとよい。

また近年、樹高によって耐風性がかなりちがうことも明らかになってきている。低樹高栽培樹は、従来の慣行栽培の樹にくらべて耐風性が強く、枝折れ、落毬が少ない。

大きな果実をたくさんとるには

クリもほかの果樹と同様、同じ条件の樹、つまり同じ樹相の樹では、収量

表4－4　クリ成木の収量および果実の大きさからみた樹相と対策

収量	果実の大きさ	樹相					対策	
		結果枝の枝質		樹勢	葉量	樹冠内下部の枯れ込み	せん定	施肥量
		太さ（mm）	長さ（cm）					
多	大	8＞	35～50	強	多	無	ふつうのせん定	前年並
	中	7～8	25～30	中	多	少～無	やや強めのせん定	やや増肥
	小	6～7	20～25	やや弱	中	少	側枝更新，樹容積制限	やや増肥
中	大	7～8	30～40	中	多	少	ふつうのせん定	前年並～やや増肥
	中	6～7	20～25	やや弱	中	少～中	強せん定	やや増肥
	小	5～6	15～20	弱	少	中～大	漸次更新せん定	増肥
少	大	6～7	20～25	弱	少	中～大	漸次更新せん定	前年並
	中	5～6	15～20	弱	少	大	漸次または一挙更新せん定	漸次更新は前年並
	小	5～6	10～15	極弱	極少	極大	一挙または漸次更新せん定	一挙更新は減肥

注）1．樹勢は中～強を最良とした
　2．結果母枝のせん除率は以下のとおり。ふつうのせん定40％，やや強50～60％，強60～70％，漸次更新70～80％，一挙更新80～100％

が多くなるほど果実が小さくなる。

　しかし、収量と果実の大きさの関係は、樹によって、園によって大きく異なるばあいが多い。実際に、収量が多く果実が大きい園（樹）から、収量が少なく果実も小さい園（樹）までまちまちである。このことは、果実の大きさは、収量だけでなく、樹相つまり葉密度に大きく影響されるためである。収量が多くてもそれに見合った葉量があれば、大きな果実を生産することができる。

　葉量の多少はふつう、樹勢の強弱と密接な関係にある。樹冠内下部の枯れ込みがみられず、葉密度の高い樹で、樹勢が衰弱している樹はまずないであろう。したがって、成木以降も長い年月にわたって樹勢を健全に維持するには、いかにして樹冠内下部の枯れ込みを防ぐか、つまりこの部位における弱小緑枝群の確保にかかっているといえる。ちなみに、枯れ込みの多少は、樹冠内下部の受光量の多少で決まるので、つまるところ、的確な整枝・せん定と適正な樹冠間隔の維持がきわめて重要であるということになる。

　以上のことから、実際栽培では、成木園（樹）での果実の大きさと収量との関係は表4―4のような樹相、つまり、結果枝の資質、葉量、樹冠内下部の枯れ込みていど、樹勢などから診断し分類することができる。各園、各樹ともこれらの中のいずれかにあてはまるはずである。それぞれの診断結果に基づいて対策を立てるとよい。

　なお、表4―4の診断と対策では病害虫の多発、気象災害および土壌条件については考慮していないので、これらの面でとくに問題があるばあいは、さらにそれぞれの対策を立てる必要がある。

3、収穫と貯蔵

早生種はなぜ毎日収穫しなければならないか？

クリの収穫は、兵庫県では早生種の丹沢が八月下旬に始まり、中生種の筑波、銀寄で九月中下旬～十月上旬、晩生種の岸根で十月中旬ごろである。

クリの果肉は水分がおよそ六一％で、糖やタンパク質なども含まれているが、デンプンが大部分を占めている。このため、果肉は高温に弱く、三〇℃もの高温条件下では、呼吸量の高まりとともに呼吸熱を発生し、腐敗果や変質果が発生しやすい。したがって、とくに気温の高い時期に当たる早生種の収穫時期に、落ちたまま一日おくと、腐敗果や変質果が多くなるので、収穫は毎日行なう（表4―5）。また一日のうちでも、気温や果実温の低い午前一〇時ごろまでに終わるようにしたい。

表4―6は、九月上旬における時刻別収穫果の品質低下について調べたものである。これより、午前九時ころに収拾した果実は、日中や夕方に収穫したものにくらべて、その後の減量割合や変質果が明らかに多くなっている。

なお、近年は温暖化の影響もあって、九月中下旬まで三〇℃以上の真夏日に近い高温が続くことがあるので注意が必要である。

クリの果実は、日本にある主要な果樹のなかでも、高温には非常に弱い部類にランクされる。

表4―5　高温期の収穫方法と果実（丹沢）の減量ならびに腐敗

（内原，1967）

収穫の方法	果実重の減量				7日後の健全果率
	1日後	2日後	4日後	7日後	
樹上より採取	1.1％	1.6％	4.0％	12.4％	29.6％
落下1日後採取	8.6％	8.6％	12.4％	19.9％	9.2％
落下2日後採取	―	15.9％	20.4％	26.9％	4.1％

注）調査期間：昭和42年9月2日～9月9日
　採取後は室内で貯蔵

クリはなぜネットに入れて販売されているか

クリは収穫後の目減りが非常に速いため、ビニール袋などに詰めて保管すると、目減りが防げる。しかし、ビニール袋などの密封下では、クリの呼吸熱により、果実がより高温となり、酸素不足と相まってデンプンの変質が加速されるとともに、炭そ病果や実腐れ病果が急増する。

表4―6　収穫は午前10時までに終わるようにする――収穫時刻と果重（丹沢）の減量ならびに腐敗

（内原，1967）

収穫時刻	果実重の減量		5日後の健全果率
	2日後	5日後	
午前9時	2.3%	5.9%	65.8%
午後1時	3.1%	7.5%	35.3%
午後5時	11.0%	14.0%	37.6%

注）調査期間：昭和42年9月4日～9月9日

実際、市販されているクリが減量するにもかかわらず、ネットに入れられて販売されているのはこのためである。これからみても、高温時の収穫は毎日行なうとともに、気温の低い早朝に収拾することが非常にだいじであることがわかる。また、収穫果はいち早く涼しい場所におき、果実温を下げるように留意する必要があり、中～大規模経営では大型の冷蔵庫が必要となる。

収穫は自然落下か竿でたたいて落とすか

クリは成熟期に近づくと、イガのトゲはしだいに緑色から光沢のある茶褐色に変化するとともに中央部が十字状に亀裂し始め、やがて裂開する。樹上で裂開がすすむと、イガよりも果実が先に落下する。おおかたの品種は果実がイガの中に入ったまま落ちるものと果実のみが先に落ちるものとが相半ばする。果実がイガに先駆けて落ちやすい品種としては利平栗、有磨、乙宗、石鎚、岸根などがある。

①自然落下の収穫

自然に樹上で成熟し落下した毬果や果実を収拾する方法である。この方法では、収拾した果実は完熟果のため、品質、外観ともすぐれ、未熟果が混入することはない。この方法では、収穫始めから終わりまで多くの日数と労力がかかるが、高温期は毎日、日中の気温が二五℃前後に下がっても二日に一回収穫するなら、最良の方法である。

しかし、こまめに収穫ができないばあいは問題である。とくに、天日にさらされた果実は果実温度が上昇し、一日遅れでもかなり乾燥・減量し、品質が低下する（表4―5参照）。

毬果で落ちたものはその場でむいて収穫するか、毬果のまま持ち帰ってイガむき機などでむく。

②熟毬果の収穫

成熟直前の毬果を、竹竿などで軽くたたいて落とし、収拾する方法である。竹竿でたたくといっても、毬果を直接たたくのではなく、二〜三年枝を一〜二回たたく程度がよい。こうすると、枝の振動によって自然落下一日前ぐらいまでの毬果が落ちる。ただ、銀寄は他の品種以上に、ちょっとした振動で、未熟毬果も落ちやすいので、注意が必要である。この方法だと、高温期の早生種でも隔日収穫が可能となる。

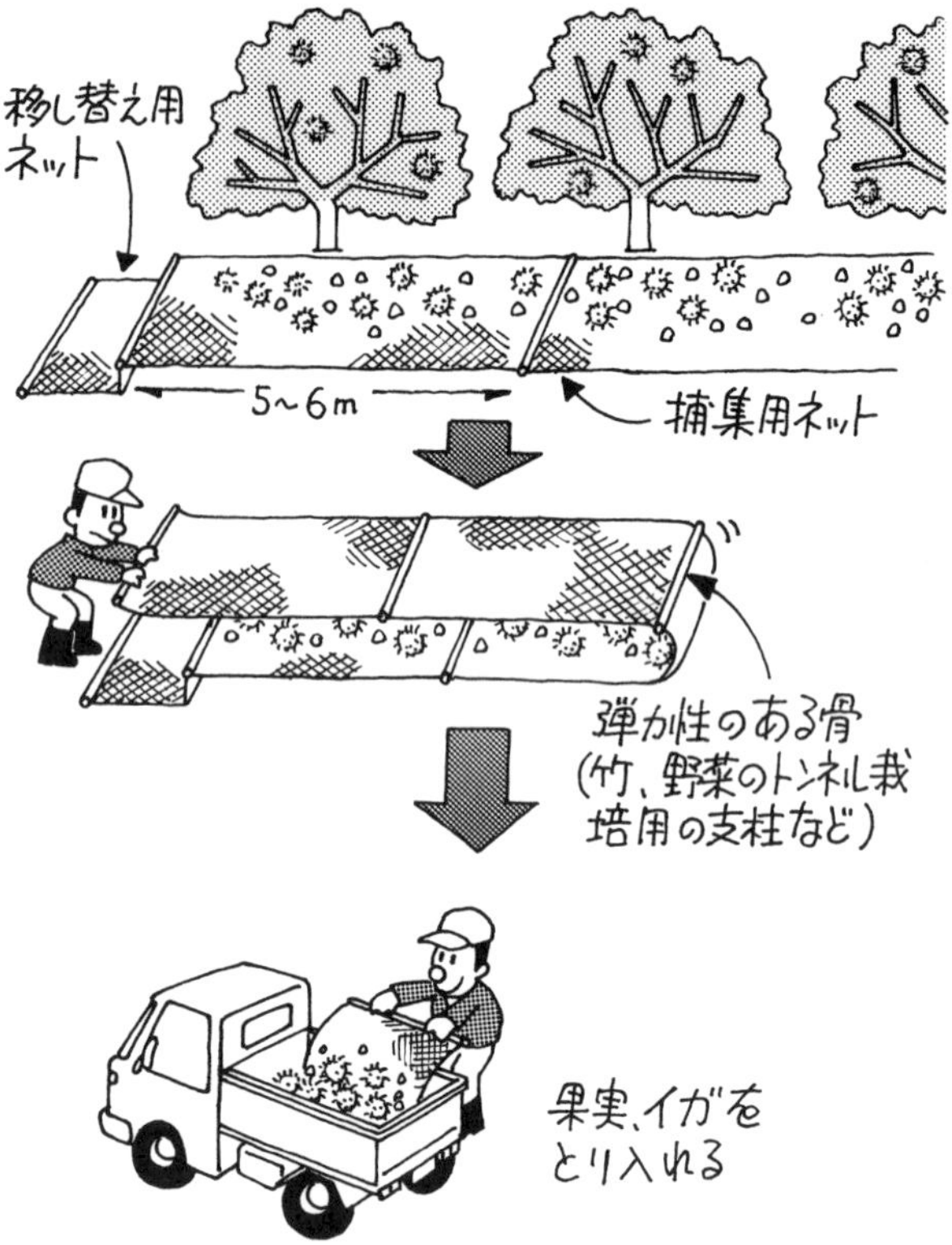

図4—16　収穫ネットによるクリの収穫法

能率的な収穫方法

クリ収穫用のネット（大きさ：捕集用ネット四×二五メートル、移し替え用ネット四×一メートル）を用いると、高能率に収穫を行なうことができる。

捕集用のネットは図4—16のとおり五〜六メートルごとに弾力性のある竹などを用いて骨を入れ、加工するのがよい。こうすると、地面にネットを展張するにも、ネットをたぐり寄せてクリとイガを捕集するにも、非常に能率よく作業がすすむので、ぜひ取り入れたい。また、捕集したクリとイガは果実とイガが分別できる編み目のネット（移し替え用ネット）をつくると、より能率的に収穫できる。

収穫能率は、クリがたくさん落ちているときほど能率が上がるが、一回の収穫量が一〇アール当たり二〇～三〇キロ以下のばあいは、ネットの開閉に要する手間などを考えると、得策ではない。

冷蔵貯蔵で甘み三倍、貯蔵害虫ゼロ!!

前述したように、クリは高温におかれると果実品質はいっきょに低下するとともに、腐敗果が急増し、商品価値がなくなる。しかし、逆に〇℃前後の低温では長期間の貯蔵が可能で、年内なら早生、中生、晩生を問わず通常の冷蔵貯蔵で貯蔵できる利点がある。

これまで、クリの冷蔵貯蔵の目的は、第一に需要を考えながら長期間有利販売ができるよう出荷時期の調整を行なう、第二は加工原料として果実の品質をそこなわずに長期間保存し、需要量に合わせて加工製品を製造・販売する、の二つにあった。

それに加えて近年では、一定期間冷蔵することによって、クリのデンプンが糖に変化し、糖分が大幅に増加し食味が向上することを利用し、高糖度の高品質果実の供給といった面での活用がふえてきている。

①一～二カ月の短期冷蔵

収穫果は、できるだけ早く果実温度を下げるため、冷涼な場所で選果する。冷蔵庫へ搬入する前に、病害虫果、傷害果、病果などを除去したのち、クリシギゾウムシの防除処理を実施する。処理法については一一七ページ参照。

次に、裸のままでクリをコンテナなどに入れ、二～三℃の冷蔵庫に搬入する。こうすると、冷蔵庫内でのクリの結露がかなり防げる。一～二日後に果実の乾燥を防ぐため、厚さ〇・〇三～〇・〇五ミリのポリエチレン袋に入れて密封し冷蔵する。冷蔵温度は、理想的には〇℃であるが、凍結しては困るので二～三℃でよい（冷蔵庫の精度にもよる）。

この程度の厚さのポリエチレンを用いると、庫内の空気と適度にガス交換が行なわれ、袋内はクリの貯蔵に好適な環境になる。したがって、冷蔵庫の扉は時たま開けて外気を入れ、ガス交換するのがよい。

②二～三カ月以上の中・長期貯蔵

冷蔵庫への搬入までの取扱いは、短期貯蔵に準ずるが、庫内温度は〇℃にする。なお、クリシギゾウムシは、卵を〇℃に二週間おくと死滅するので、くん蒸処理をする必要がない。

また、一カ月に一回ぐらいは腐敗果の発生を抑えるため、袋内のクリを取りだし、腐敗果を除去するとともに、結露しているクリは拭き取るか、納屋などに広げて自然に乾かす程度の管理が必要である。

③甘み三倍の高糖度蒸しグリの周年供給

冷蔵グリは、二～三カ月以上置くと、蒸しグリにしたばあいに果肉が褐変するが、次のような工程で冷蔵―冷凍すると、長期間貯蔵しても果皮や果肉が変色せず、非常に甘い蒸しグリを周年供給できる（図4―17）。

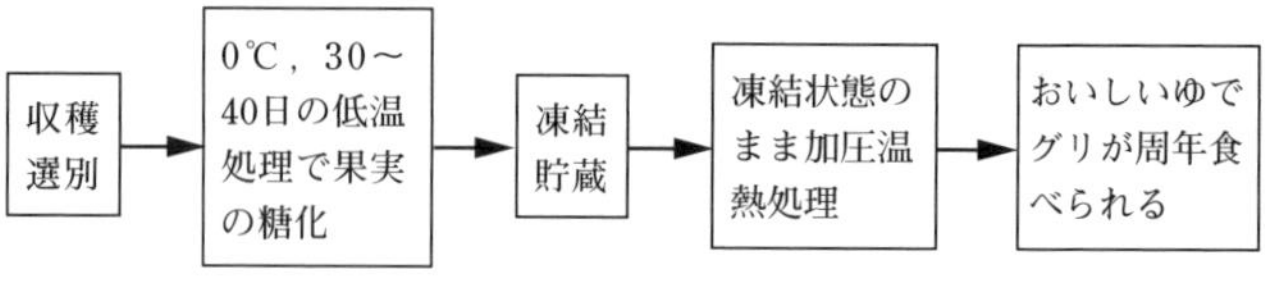

図4―17　高糖度グリの処理工程　（堀本）

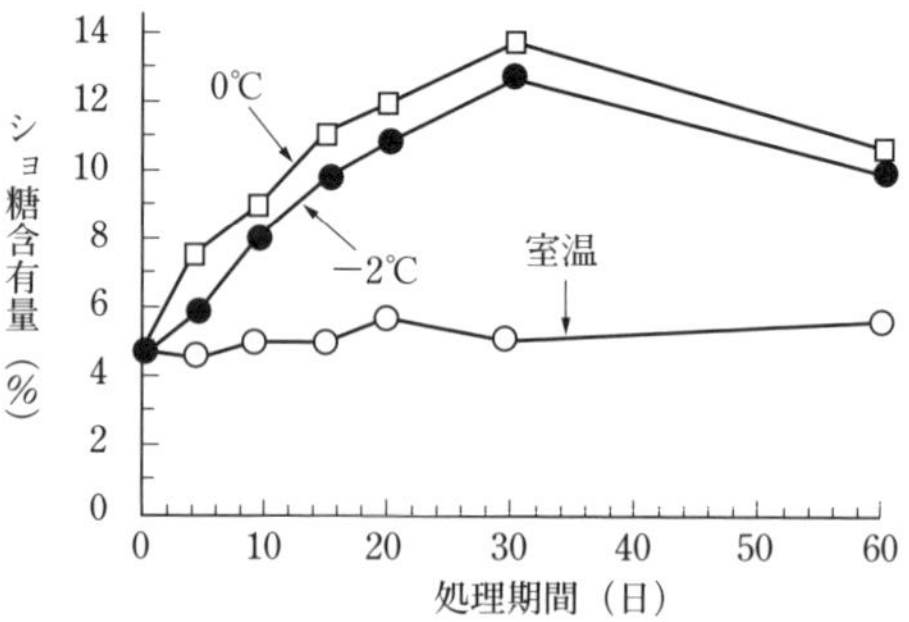

図4―18　30～40日の低温処理で甘みが最高になる――処理温度がショ糖含有量に及ぼす影響　（堀本ら）

①〇℃で、三〇～四〇日間置くと、甘さがおよそ三倍になる。

②三倍の甘さになったクリを冷凍すると、一年間果肉や果皮が変色せず保てる。

③果肉は黄白色が保たれ美しい。

④冷凍したまま圧力釜で蒸すと、粘質度の高い蒸しグリとなる。

⑤クリシギゾウムシに対するくん蒸処理がいらない。

冷蔵庫への搬入、庫内での管理は中・長期貯蔵と同じようにする。図4―18のように三〇～四〇日で甘みが最高に達するので、その時点で氷点下二五℃以下の冷凍庫に移して、冷凍貯蔵する。

蒸しグリは、一〇〇℃で煮沸または蒸して調理するばあいが多いが、圧力釜を用いると、果肉が粘質となり舌ざわりがよくなる。粘質なクリよりもほくほくした粉質のクリを好むばあいは、圧力釜を用いず、一〇〇℃で三〇～四〇分間煮沸する。

圧力釜の使い方は、釜内温度が一二〇℃に達し、湯気が勢いよく出始めてから一〇～一五分間経過したのち、火を落とし自然減圧にゆだねる。釜内圧が大気圧まで降下したら、釜から出す。このばあい、自然減圧を待たず釜のふたをあけると、裂皮するので注意する。

なお、本技術は「周年供給できる調理グリの製造法」として兵庫県が特許権を保有しているので、商品化には兵庫県の許諾が必要である。

4、土づくりと土壌管理

根の入る深さは何センチ必要か

クリは喬木性で深根性の作物であるため、耕土が深く、排水のよい肥よくな土壌を好むと強調されてきた。しかし、これはクリに限らず、すべての果樹でいえることであり、クリがとりわけ他の果樹以上に土壌を選ぶとは考えられない。とくにクリで強調されるのは、過去のクリ栽培の多くが粗放的あるいは放任的に管理されてきたため、地力そのものにより強く影響されてきた結果によるものと思われる。

実際、まずまずの土壌条件のところでも、過密植の無せん定園では一〇年生ぐらいになると、例外なく収量が低くなり、樹勢も衰弱してくる。しかし、低樹高栽培で、的確な整枝・せん定と好適な樹冠間隔があるクリ園では、根の入る深さ（有効土層）が五〇センチ以上あれば、長期安定多収が可能である。四〇～五〇センチでも梅雨明け後の干ばつ時に十分な灌水ができるなら、むしろ樹体はコンパクトとなり、問題なく栽培できる（図4―19）。

図4－19　有効土層40～50cmの17年生銀寄（兵庫農試）
灌水ができるなら栽培可能

しかし、ここ十数年前から、とくに西日本では、地域によって梅雨明け後三〇日以上有効な降雨がない年が二～三年に一回あり、干ばつによる被害が問題である。クリ園では、灌水のできる園が少なく、灌水ができない園にあっては、六〇センチ以上の有効土層があることが理想である。

ふぅー、
硬くて30cmも
掘れないヨー。
これでは植え
てもダメだ
50~60cmの耕土は必要

まずは物理性の改善が重要

根が伸長するには、土の硬さ（ち密度）が山中式土壌硬度計で二二〜二三キロ／平方センチ以下でなければならない。二五キロ以上では、いかに土壌の化学性がよくても根は伸長できない。

硬い土層のところでは、まずは深耕して土を軟らかくする。深耕すると、土壌中の孔隙が多くなり土壌構造がよくなる。もちろん、このばあい排水できるようにしておかなければならない。また、労力をかけてせっかく深耕するからには、長い年月よい土壌構造が維持できるよう有機物を投入したいものである。一度深耕し有機物を入れれば、よほどのことがないかぎり、二〇年以上深耕する必要がない。

ちなみに、クリ園を開園するばあいも、根が伸長できる深さは何センチか、下層土での排水はどうか、あらかじめ調べておく必要がある。地表下三〇〜四〇センチで土壌硬度が二四〜二五キロ以上なら、いかに土壌の化学性がよくても、まず成功の見込みはない。開園するばあいは五〇〜六〇センチ以上の耕土が確保されるよう深耕することが肝要で、深耕ができないなら、開園しないほうがよい。

土壌の化学性については、多くのばあい、多少悪くても、施肥や苦土石灰などの土壌改良資材の表面施用で好適な条件に改善することができる。しかし、土壌の物理性の改善、つまり耕土の確保と地表下の排水の改善には、まずは深耕以外に方法がないのである。

土づくりは堆肥か、草か？

クリ園の土づくりを考えるばあい、粗収益の多いブドウ、モモ、ナシ、リンゴなどとは同じようにいかない。これらの果樹よりも、もっと省労力と省資材を基本とした合理的な考え方が必要である。

堆肥などの有機物の供給は、表層土の物理性の改善に効果が高い。しかし、連年二トン以上の牛ふん堆肥を施用しても、改善部分は表層五センチ前後であろう。労力と資材があれば、施用することにこしたことはないが、耕土の深さが四〇センチ未満で、夏の干ばつ地帯では、この労力を深耕にまわしたほうがより合理的である。

では、土壌の有機物はどうするのか。これは園内で生産する草とクリの葉を利用するのである。園内生産の草は、年間三〜四回刈りで生重で二トンを超える。さらに、草の根も入れると三トン近くになると思われる。また、草の根は腐り、地表下三〇センチぐらいまで多くの根穴ができ、土壌中の空気含量が増え、これによって土壌の物理性が改善され、この効果はきわめて高いといえる。

土壌管理は草を管理すること

クリ園の土壌管理としては、雑草か牧草を生育させそれを年に何回か刈りとって土壌を管理する草生栽培法があるが、これ以外に、園外からわらや草を持ち込み地面を被覆する方法、たえず中耕や除草を行なう裸地栽培などの方法がある。ここでは、実際栽培にあって、省力的で効果の高い草生栽培法について述べる。

クリ園では有機物の補給と土壌の物理性の改善、さらには傾斜地における土壌流亡の防止といった面からも草生栽培の利点が多い。

クリ園では、過密植で日照不足が生じるような管理をしないかぎり、草もおう盛に生育する。五月上旬には草がかなり繁茂しているはずである。そこで、草刈り労力が問題となることが多い。しかし、クリがいかに省力果樹であっても、クリの生育期間中、最低三回、理想的には四回の草刈り、もしくは除草剤の散布が必要である。除草剤の散布については、できるだけ少なくし、梅雨明け後の一回散布ぐらいにとどめるようにしたい。除草剤を連用すると、傾斜地では土壌の流亡が起こりやすいだけでなく、有機物も少なくなるので、できるだけ使わないことがすぐれた土づくりにつながるのである。なお、草生の放任と草生の栽培とは、基本的に異なることを自覚したい。

クリ園の日照が不足し、草量が少なく草刈りが楽になっている園では、クリの収量も少なくなっているのがふつうである。

一方、草生による欠点としては、枝幹害虫（コウモリガ、カミキリムシ）の加害を受けやすいこと、肥料成分の競合が起こりやすいこと、梅雨明け後に土壌水分不足を生じやすいことなどがあげられるが、これらは栽培技術によって克服でき、利点のほうがはるかに大きい。

草刈りのタイミングが大切

草生管理のすすめ方

①ポイントは五～六月と梅雨明け後

クリ園に草がはえると、土の中の肥料養分と水分を奪うので、クリの樹と草の間に競合が起こり、クリの生育をそこねる。そこで、クリ園に草をはやしても、クリと草との養水分の奪い合いをできるだけ少なくし、両者が共存し、ともに栄えるようにすることが草生栽培なのである。

養分と水分の奪い合いが起こりやすい時期は、五～六月と梅雨明け後の八月ころである。したがって、草刈りあるいは除草剤の散布時期は、図4―20のようにもっとも競合の大きい五月中下旬と梅雨明け直後の七月中下旬ころになる。

②五～六月の草の取扱い

この時期は、クリが肥料成分、とくにチッソ成分をかなり吸収する時期なので、年間三回の除草のときは、五月中旬に草刈りまたは除草剤を散布する。年間四回の除草のばあいは、五月上旬に一回目の除草を行ない、二回目を六月中旬にするのがよい。

③七～八月の草の取扱い

六月中下旬～七月中下旬は、梅雨期で降雨量が多いので、土壌流亡防止と浸食防止のため除草剤の使用はひかえたほうがよい。とくに、傾斜地やのり面で、地下部の根まで腐敗させる除草剤は使用しない。

八月は干ばつ期なので草生による土壌水分の競合を避けるために、梅雨明け後はすぐに除草する。クリは深根性の果樹であるが、干ばつに弱く、果実の肥大が抑制される。とくに、耕土の浅い園や幼木期のクリは弱い。さらに、刈取りのばあいは、刈り取った草を集めて樹冠下にしき草したいものである。土面からの蒸発が少なく効果が高い。

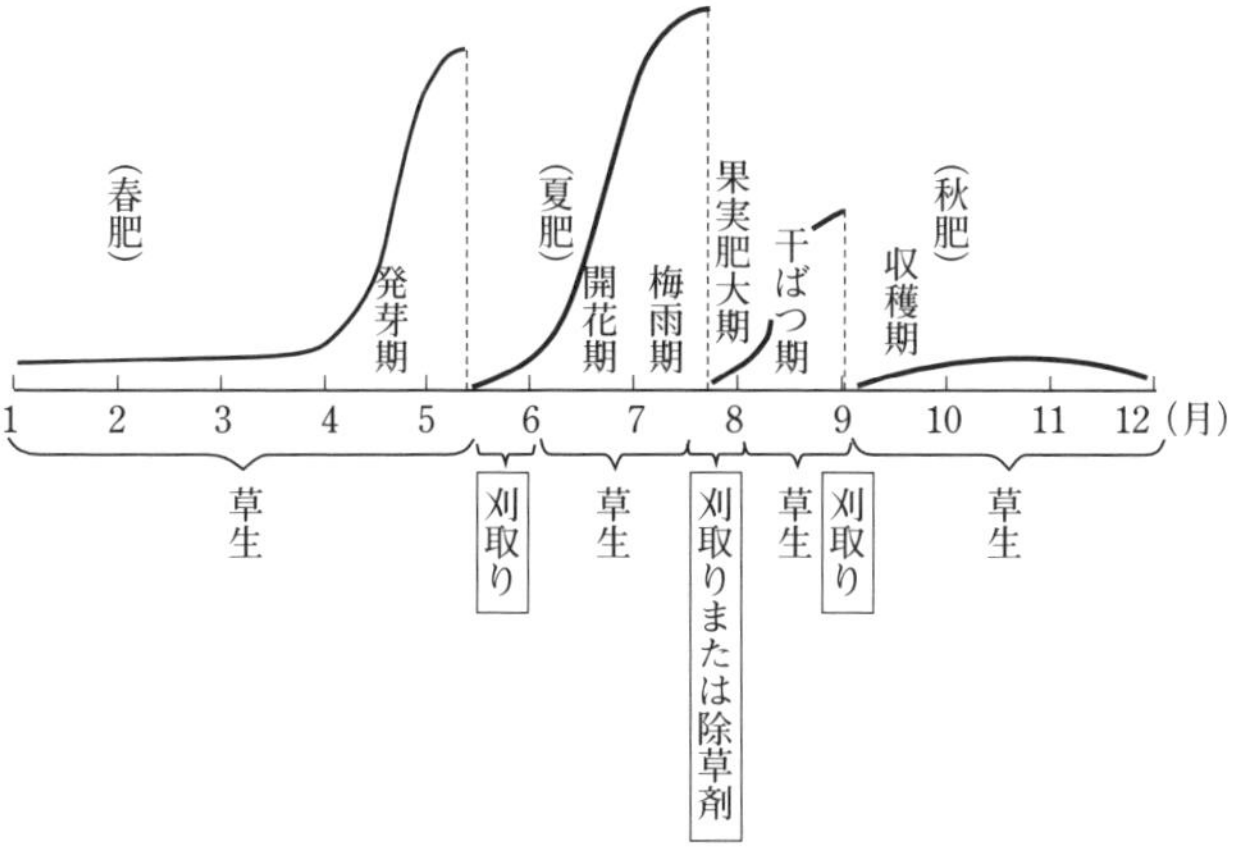

図4－20　クリ園の草生管理

4回除草のばあいは5月上旬，6月上中旬，7月下旬，8月下旬に行なう。梅雨期は土壌流亡防止のため完全草生とする

④草種は何がよいか

草種としては、牧草類を使うばあいと、その地方によく繁茂する浅根性の雑草をそのまま利用するばあいとがある。

どのような草種がよいのか、あるいは管理しやすいのかは、立地条件、土壌条件、地域によって異なるので一概にはいえない。それぞれの条件にあった草種をみつけるのがよい。ただ、毎年種子をまく必要のある草種は、労力的にも経済的にも現実に合わないので、種まきなしで連年優占草種としてはえてくる草がよい。また、深根性あるいはつる性の草種でない限り、雑草草生でもその目的を果たすことができる。

一般の果樹園でよく用いられている牧草類としては、ラジノクローバー、レンゲ、ウマゴヤシ、ヘヤリーベッチ、ヤハズソウなどのマメ科の牧草と、イタリアンライグラス、オーチャードグラス、ケンタッキー31フェスク、ウイーピングラブグラスなどのイネ科の牧草があり、これらマメ科とイネ科の牧草とを混播するばあいもある。

このうち、クリ園で用いてはならない草種としては、ウイーピングラブグラスがある。ウイーピングラブグラスは、刈払い機を利用するばあい、刈払い機の刃に草が巻きついて始末に負えなくなる。使用しないほうがよい草種としては、クローバー類がある。クローバー類は、草が枯れて分解すると、のり状になり足もとが非常に滑りやすくなるため、とくに傾斜地では不向きである。さらに、収穫に際してはクリがクローバーの葉の下に隠れて拾うのが困難となる。

図4－21　5月上旬のナギナタガヤの生育

5月中下旬ごろから倒伏する

⑤ナギナタガヤ草生

近年、地中海沿岸からの帰化植物であるイネ科の「ナギナタガヤ」草生がぜん注目されている。ナギナタガヤの特徴は秋から生え出し、春四～五月には株張りによって大きく生長し畑一面を青々と覆い、五月中下旬～六月上旬には穂をつけた状態で倒伏し、ナギナタガヤマルチができることである。六月上中旬に倒れるため、除草作業がいらず、ナギナタガヤマルチによって、夏草の繁茂を強く抑えることができる。また、秋からはナギナタガヤが発芽伸長し草丈三～一〇センチ程度で越冬する。

ナギナタガヤの地上部（葉、茎、穂）の乾物生産量は、よく生い茂った状態でおよそ五〇〇キロ前後で、園内の自給有機物としても非常に価値が高い。地下部の根の深さはおよそ一〇センチである。

種まきは、九月中下旬から十月の秋雨前線の雨量が多い時期がよい。まく量は一〇アール当たり二～三キロがよい。二～三キロの種を均一にまくのはむずかしいので、ナタネかすなどを増量剤として加えるのも方法である。種まきにあたっては、あらかじめ除草剤の散布あるいは中耕などによって除草しておくのがよい。

二年目、三年目になると、どうしても雑草がはびこってきやすいので、発芽の悪いところでは部分的に再度ナギナタガヤをまく程度の管理は必要である。種は七月上旬に穂の部位を刈り取っておき、秋の種まきまで通気性のよい乾燥した場所に置いておく。

5、施肥

施肥にあたっての考え方

①クリの施肥は地力不足の補助手段

クリの施肥基準は府県によってかなり異なる。それぞれの地域で定められている基準によって施用するのが望ましい。ただ、クリの性質からみるかぎり、肥料は地力の不足分を補う補助手段と考えたい。樹勢の維持は、肥料をふやしたからといってできるものではない。基本的には草生栽培や有機物の投入などによる土づくりと、せん定など樹体の適正な管理を実施したうえで、不足分を施用するのが原則である。

②過密植無せん定園での施肥の効果

いくら有効土層（根が入ることのできる深さ）が深く、肥よくな地で栽培していても、過密植によって樹冠の内部や下枝が枯れ込んだ状態では、葉量が不足し、根の伸長は著しく抑制され、収量が減少し樹勢が衰弱する。

こうした園で施肥量をふやしたばあい、数年間は新梢の伸長がよくなり、それなりの効果を上げることができる。しかし、地上部の管理が適切でない限り、毎年枯れ込み部分がふえていき、数年後には施肥量の増加だけでは、樹勢を維持することがむずかしくなる。

③樹体管理がよい園での施肥の効果

整枝・せん定、縮・間伐が適切であると、日照条件がよくなるため樹冠内下部の枯れ込みが生じにくい。こういった園では樹冠がコンパクトとなり、葉量が増加するため、樹勢が衰弱しにくい。したがって、かなり収量が多くても、それほど施肥量をふやさなくてもよい。クリの収量と樹勢は、葉量に大きく支配されるのである。

低樹高栽培での施肥量は、昔の大木仕立てとは大きく異なる。成木段階での低樹高の施肥量は、高木樹にくらべてかなり少ない量でいけるのである。低樹高栽培では、樹の大きさに対して、葉量が多く材積が少ないため、根に多くの貯蔵養分が蓄積されるためである。成木段階で一〇アール当たり六〇〇キロの収量を上げても、それほど増肥する必要はない。しかし、クリの施

表4―7　開花盛期における成木の結果枝長からの診断と施肥の考え方

結果枝のタイプ	結果枝の長さ	施肥量調節の考え方
徒長型	結果枝長が60cm以上	結果枝の伸長停止期は7月下旬以降。追肥は無施用とし翌年もチッソは大幅減とする
強い結果枝	結果枝長は約50～60cm	結果枝の伸長停止期は7月中下旬。追肥は無施用とする
良い結果枝	結果枝長は30～40cm	追肥は基準どおりとし，翌年の施肥量は本年に準じる
弱い結果枝	結果枝は15～20cm	夏肥，秋肥とも増肥する。翌年も増肥する
極弱い結果枝	結果枝は10cm前後	樹勢衰弱の主因を再考し，施肥量を決める

表4―8　良い結果枝の伸長停止期と長さ

樹齢	伸長停止期	枝長
2～3年	7月下旬	60～80cm
4～6年	7月中下旬	50～60cm
7～8年	7月上中旬	40～50cm
9～ 年	7月上旬	30～40cm

肥は他の果樹と同じように重要なので、次項で述べるように結果枝の的確な診断のうえに立って、適正な施肥量を決めることが大切である。

年間施肥量の決め方

施肥量の決定は、樹が一年間に吸収した肥料成分の吸収量から算出するのが原則であるが、実際には不明な点が多いうえ、いろいろな条件によって大きく異なるので決定がきわめてむずかしい。実際の栽培では、土壌条件（地力）や整枝・せん定のちがい、樹の大きさや品種のちがい、さらには気象条件のちがいなどによって異なるので、吸収量をつかむのは不可能といえる。

だから、年間施肥量の決定にあたっては、前年の結果枝（不着果樹は発育枝）の伸長停止期、つまり樹齢別の平均的な結果枝の長さと、成木の開花盛期における結果枝の長さを指標として決めるのが最もよい。これは結果枝の長さと樹勢の強弱のあいだには密接な関係があり、かつそれは外見的にも容易に診断できるからである。

一方、樹勢の強弱、つまり結果枝の長さは、肥料以外に前述した土壌条件や樹体管理の良否などによって大きく影響されているので、クリの樹の栄養状態が総合的に表現されているのである。したがって、肥料以外の面での対応をはかりながら施肥量を決定することもできるのである。あくまで、施肥は地力の不足分を補う補助手段なのである。

表4―7に開花盛期の結果枝の長さによる成木の施肥の考え方、表4―8に樹齢別の結果枝の長さを示したので、これを目安に判断していただきたい。

施肥基準

表4—9は兵庫県での樹齢別の施肥量を示したものである。施肥量は樹齢を重ねるにつれて年々ふえる。

おおまかなチッソの施肥成分量は、樹齢四～五年までの幼木期は樹齢に一～二を加えた数値（キロ）が、樹齢六～九年の若木期は樹齢に二～三を加えた数値が、一〇年生以降の成木期は樹齢に三から五を加えた数値が、それぞれの施肥チッソ成分量となる。

一二年生以降では、ほとんど増肥する必要がない。低樹高栽培では、樹容積が一定に保たれ、かつ収量の変化も少なくなるためである。ただし、成木では、表4—7に示したように結果枝の状態によって施肥量を調節して、いつも安定した樹勢を維持することが大切である。

表4−9　樹齢別10a当たりの施肥成分量

（兵庫県）

樹　齢	チッソ	リンサン	カ　リ
2～ 3年	3～ 4kg	2～ 3kg	2～ 3kg
4～ 5年	6～ 7kg	4～ 5kg	4～ 5kg
6～ 7年	8～10kg	6～ 8kg	6～ 8kg
8～ 9年	11～12kg	9～10kg	9～10kg
10～11年	13～14kg	10～12kg	10～12kg
12～　年	14～16kg	13～14kg	13～14kg

表4−10　施肥時期と施肥成分の施用割合

（兵庫県）

時　期		チッソ	リンサン	カ　リ	石灰または苦土石灰
春肥	1月～3月上旬	50%	100%	50%	100%
夏肥	6月中下旬	20%	0%	30%	0%
	（5月下旬*）	（20*）			
秋肥	9月下旬～10月上旬	30%	0%	20%	0%

注）*クリタマバチの多発樹および樹勢衰弱樹には，5月下旬に余分に施用する

施肥時期と施用割合

クリの肥料養分の吸収は、時期によって変化がみられるので、いつも各養分を同じ割合で施用するのはよくない。それぞれの時期に、それぞれの成分を適量施用する。一般には、春肥（元肥）、夏肥（実肥）、秋肥（礼肥）の三回に分けて施すが、ばあいによっては夏肥を二回にして、年間に四回施用するのがよい（表4—10）。

なお、成木の施肥量の調整は、夏肥と秋肥で行なう。

①春肥（元肥）—年間施用量の基本

春肥は、当年の新梢伸長と毬果の肥大に必要な養分の大半をまかなうもので、年間施用量の基本となる。

チッソは年間の五〇％を施す。ただし、チッソ、リンサン、カリの三要素を含んだ化成肥料を施用するときは、チッソ成分をもとに施用量を算出する。積雪地帯では、積雪前の十二月中下旬～一月上旬、または雪解け直後に

施用する。ただし、家畜ふん尿を利用するときは、十一月中旬～一月のできるだけ早い時期に施用する。そのばあい、やりすぎないように注意する（次ページ参照）。

　クリの好適な土壌酸度は、五・〇～五・五ぐらいで酸性を好むが、石灰が必要である。カリ、カルシウム、マグネシウムの均衡も考えて、苦土石灰か石灰を施用するのがよい。二～三年に一度、一〇アール当たり五〇～一〇〇キロを施用する。

②夏肥（実肥）—着果量と結果枝で判断

　果実の肥大を促し、樹勢を維持するために施用するもので、着果量と結果枝の伸長量を考慮して加減する。

　順調な生育を示している樹では、六月下旬～七月上旬に施用する。しかし、新梢の節間が長く、伸びすぎの樹では施用しない。これとは逆に、クリタマバチの多発樹あるいは新梢生長の弱い樹には、五月下旬に追加して二回施用するのがよい。

③秋肥（礼肥）—翌年の貯蔵養分に

　秋肥は、多量の結実によって衰弱した樹体を早期に回復させるために施用する。つまり、葉の光合成能力を高めて、十分な貯蔵養分を根に蓄積させるために施用するものである。

　貯蔵養分が十分に根に蓄積されると、根の活性化の低下や腐敗が少なくなり、翌年には多数の健全な新梢が発生するので、雌花の着生がふえることになる。

　秋肥の肥効は、樹勢を回復させるチッソ肥料の働きによるもので、チッソが不足し衰弱しているクリ園で効果がよく出る。ただ、樹勢が強い樹ではかなり施用量を減らすか、強すぎるばあいは施用しない。

　秋肥は時期を失しないよう、葉の働きのあるうちに施すことが大切である。十月中下旬以降に収穫する晩生種では、収穫直前の気温が一五℃以下にならないうちに施用する。

効果が高い家畜ふんの利用

　家畜ふんの利用にあたっては、樹の生育や収量にもっとも大きく影響するチッソ成分を中心に施用量、施用時期を決める。施用量と施用時期を誤らなければ、化学肥料の代替として家畜ふんの効果が高いので、積極的に取り入れるのがよい。

①チッソ成分量が推定できるものを使う

　クリ栽培は栽培面積当たりの粗収益が少ないので、省力的でかつ安価に入手できるものが前提となる。なお、次のことが利用上の条件として考えられる。

①肥料成分、とくにチッソ成分が推定できる家畜ふんを利用する。そして、家畜ふんからの肥効率（含まれているチッソ量に対する吸収される割合）を考慮してその分化学肥料を減らし、適正施用量を守る。

②ふん尿は園全体に均一に施用し、かたよらないようにする。できれば施用後ロータリーで軽く耕うんするのがよい。

③理想は完熟堆肥にしたいが、腐熟（中熟）堆肥くらいで施し、できるだけ生ふんの施用は避ける。どうしても生ふんを施用しなければならないときは、十一月中下旬～二月上中旬の冬期間とする。

表4−11　家畜ふんの化学肥料に対する肥効率
（神奈川県農総研）

種　類	ふん			尿		
	N	P_2O_5	K_2O	N	P_2O_5	K_2O
ウ　シ	30%	60%	90%	100%	100%	100%
ブ　タ	70%	70%	90%	100%	100%	100%
ニワトリ	70%	70%	90%	—	—	—

注）肥効率：化学肥料と同じ成分量を家畜ふんで施したばあい，化学肥料の吸収量に対する吸収割合

表4−12　クリ元肥における家畜ふんの10a当たり施用限界量　（茨城園試）

ふんの形状	家畜別	10年生のクリ
生ふん	ブタ	1.8t
	ウシ	5.3t
	ニワトリ	0.8t
乾燥ふん	ブタ	0.5t
	ウシ	2.1t
	ニワトリ	0.3t

②施用方法

肥料の年間施用量の全部を家畜ふんにするのではなく、春肥（元肥）の化学肥料の代替として施用するのがよい。追肥は化学肥料とする。

表4―11は家畜ふんを化学肥料と同じ成分量を施用したばあい、化学肥料にくらべてどの程度の肥効率があるかを示したものである。ふんでみたばあい、ウシの肥効率は化学肥料の三〇％であるが、ブタやニワトリは七〇％と高い。したがって、施用量を決めるときは、肥効率も考慮して決定する。

表4―12はクリ成木園一〇アール当たりの施用限界量を示したものである。これに準じて施用し、やりすぎないように注意する。

施用チッソ成分量の算出は、次式で求められるのでそれを参考に施肥量を計算するとよい。肥効率は表4―11に示した割合である。

〈牛ふん〉

施用チッソ成分量（キロ）＝ふんの施用量（キロ）×ふんのチッソ成分量（％）×肥効率（〇・三）

〈ブタ、ニワトリふん〉
施用チッソ成分量（キロ）＝ふんの施用量（キロ）×ふんのチッソ成分量（％）×肥効率（〇・七）

6、樹勢衰弱・枯死の原因と対策

クリは他の果樹にくらべて枯れやすく、成園化率はふつうの園で七〇％ぐらいである。これほど低い成園化率は他の果樹ではみられない。

なぜ、クリは早期に樹勢が衰弱し枯死しやすいのか。まず、枯死に結びつく原因と要因を明らかにし、それぞれの対策を講じることが大切である。

過密植による樹勢衰弱

これまでも何度かふれたが、過密植による光線不足が原因で、樹勢が低下したり衰弱したりして、枯死にいたる例が多い。しかも、問題なのは栽培者が過密植を自覚していないことが多いことである。

樹齢七～八年生以降のクリ樹では、受光条件の良否を軽視したクリ経営は成立し得ないということを肝に銘じなければならない。これは、クリが次のような三つの大きな特徴をもっているためである。

①クリは年間における生長量、つまり新梢の伸長量が大きい。ふつう樹齢八～九年で樹高五メートル以上となるので、樹体の大きさにみあった深い土層が必要である。

②クリの光に対する要求量は、日本にある主要な果樹の中で第一位にランクされる。そのため、数年の縮・間伐の遅れやせん定のまずさは、樹冠内下部を急速に枯れ込ませ、葉量不足により樹勢が衰弱しやすい。

③いったん樹冠内下部が枯れ込むと、更新せん定のようなよほど思い切ったせん定を実施しないかぎり、枯れ込み部位から充実した枝葉を発生させることはむずかしい。

樹勢の衰弱と枯死を防ぐには、こうしたクリ樹の特徴を生かした栽培が求められる。そのためには、これまで述べてきた、的確な整枝・せん定によって樹体をコンパクトにし、低樹高にすること、ならびに縮・間伐による適正な樹冠間隔の維持がきわめて重要になる。

幼木期の凍害――暖冬年で多発

①幼木期に多発

クリの凍害は樹齢四～五年生までの幼木期に多発し、六～七年生以降での発生はまれである。いったん凍害を受けると二次的にキクイムシや胴枯れ病におかされやすくなり、被害がいっそう大きくなって、枯死するばあいがかなり多い。しかし、この段階で適切な善後策をとれば、二次的被害が回避されるばあいが多い。

発生地域は広く、関東だけでなく関東以西の西南暖地でも発生し、やっかいである。気象的には、むしろ暖冬年のほうが多発しやすい。暖冬年に発生が多いのは、一～三月の早い時期から根の吸水が始まり、樹体の水分が増加し耐凍性が早くから弱まるため、その後強い寒波がなくても凍害を受けやすくなるためである。

表4－13　被害をうけた樹の樹齢別本数と割合

（中原）

樹齢	本数	割合
7年	0本	0.0％
6年	0	0.0
5年	1	0.8
4年	31	27.2
3年	36	31.6
2年	46	40.4
1年	0	0.0
計	114	100.0

②凍害の症状

被害を受けた直後は、外観的にわかりにくいが、被害部を削ってみると樹皮や木部が水侵状になっていたり、褐変がみられる。また、切り口からは発酵臭がする。

被害樹は発芽が遅れ、不ぞろいとなり、枝はさめ肌になるばあいが多い。地上部の樹体が枯死しても、根部は健全で台木部から芽をふくので、立ち枯れ性の障害とは区別できる。また、クリの凍害はこもや稲わらで樹幹を被覆しても効果はみられない。

③排水不良地や南斜面で発生しやすい

土壌的には、粘質土で排水不良地の発生が多く、礫の多い砂質土では水はけがよいので発生が少ない。

また、南面傾斜地や冷気の停滞しやすいくぼ地での発生も多い。逆に、北面傾斜で礫の多い砂質土での発生は非常に少ない。北面傾斜だと、冬から春では朝日を受けるのがかなり遅いため、夜間に枝が凍結しても徐々に融解するため被害が少ないのである。

④防止対策

・「株ゆるめ」処理

これは、冬期に根の早期吸水を避けるために開発された技術で、かなり防止効果が高い。

処理対象樹　主として樹齢二～三年生の樹。

処理時期　十二月下旬～一月下旬。

処理法　「株ゆるめ」処理はバックホーで行なうのがよい。株全体を掘り上げるのではなく、株元から半径八〇～一〇〇センチ、深さ四〇～五〇センチ内の土壌全体に多数の亀裂を生じさせるもので、太根の切断はできるだけ避ける。バックホーのバケットを二回から数回に分けて入れ、根域土壌を抱え込むような要領で、樹全体が少し傾き、株元が一〇センチぐらい持ち上がる程度がよい。

なお、少し持ち上げてそのまま下ろすので、土壌表面も株元もほとんど変わらないので、春からもそのまま栽培できる。

効果　処理樹は吸水が抑制され、四月上旬まで枝の水分が少なく推移し、凍害が回避される。的確に行なうと、生育は影響を受けない。しかし、バックホーのバッケットが土中深く入らず、上層土二〇～三〇センチを上滑りさせたような状態では、根の切断が大きくなり、生育が悪くなる。とくに、梅雨明け後に干ばつを受けやすくなるので、この面での注意が必要である。

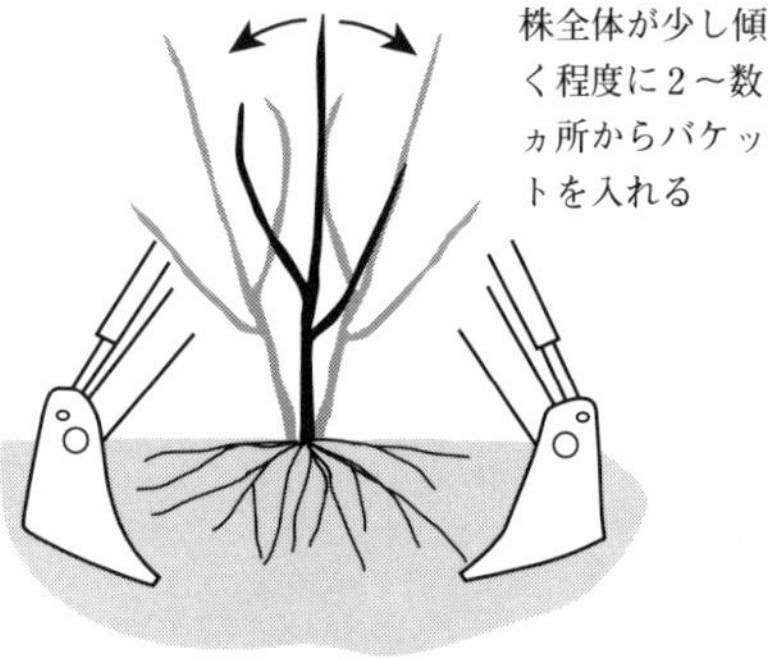

図4―22　株ゆるめ処理の方法（堀本）

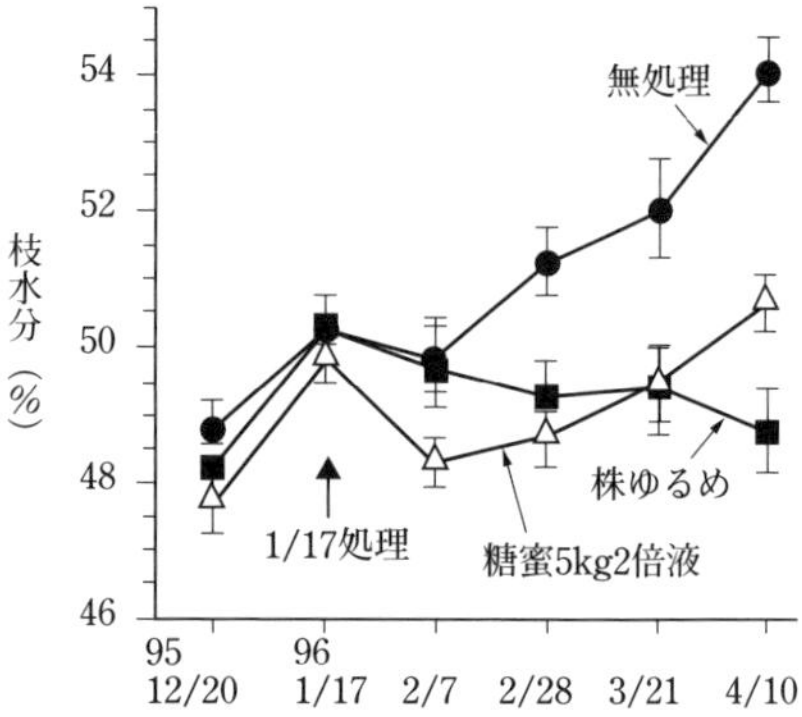

図4―23　株ゆるめおよび糖蜜処理が幼木の枝水分に及ぼす影響（3年生筑波）　（堀本，荒木）

・「糖蜜」処理

二～三年生樹に対して行なうと、株ゆるめ処理と同等の効果がある。傾斜地などでバックホーの使用が困難なところで用いるとよい。これは土壌に糖蜜を施用することによって、土壌中の溶液濃度が高まり、春先の根の吸水開始が抑えられるためである。

処理対象樹、処理時期　株ゆるめ処理と同じである。

処理法　糖蜜は精糖廃蜜（全糖分五

〇%程度含有）を用いる。一樹当たり五キロの糖蜜を水で二倍に希釈した液を図4―24のように、株元から半径一メートル内の土壌表面にまんべんなく処理し、根域に浸透させる。

⑤被害樹の処理

被害樹はキクイムシに加害されやすいので、見つけしだいガットサイドS、またはサッチュウコートSセットを散布または塗布する。

胴枯れ病の予防には、被害部をナイフで削りとり、トップジンMペーストまたは木工用ボンドを塗布する。

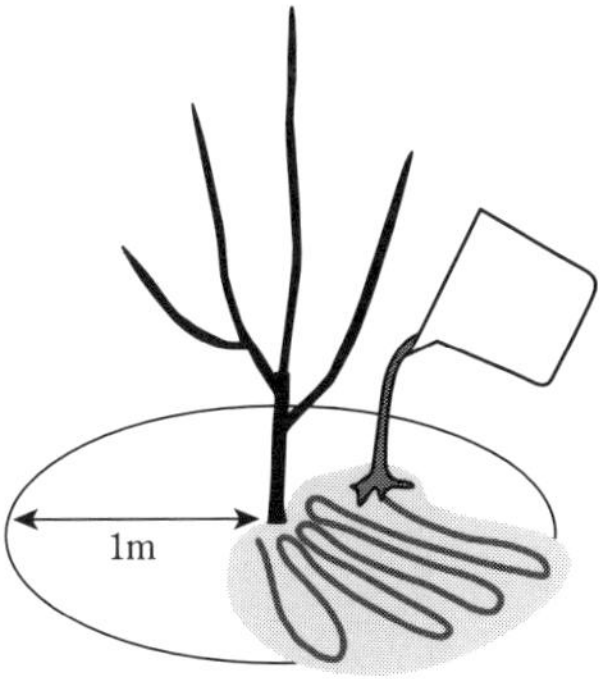

図4―24　糖蜜処理の方法　（堀本）

病害虫が原因の衰弱・枯死も多い

樹勢の衰弱あるいは枯死をもたらす主な害虫としては、枝幹害虫、クリタマバチ、クスサン、そして二次被害ではあるが、前述したキクイムシなどがある。

枝幹害虫　クリは、他の果樹にくらべて特異的といってよいほど枝幹害虫に加害されやすい。主なものはカシワスカシバ、カミキリムシ類、コウモリガである。これらは年中生息し、たえず加害している。生育を阻害し、成園率を低下させる原因のなかで、これら枝幹害虫によるばあいが最も多く、なかでもカシワスカシバの被害が大きい。枝幹害虫の的確な防除は、クリ栽培上のポイントの一つである（一一四～一一六ページ参照）。

クリタマバチ　クリタマバチが多発すると、根に蓄積された貯蔵養分の多くが、春に虫えい形成に消費される。そのため、新梢の伸びがいちじるしく抑制されるので、必要な葉量の確保ができなくなり、樹勢が衰弱する。衰弱の度合いは、虫えいの発生度で異なり、ひどいばあいは数年でかなり衰弱する。発生度は品種によって大きく異なるが、近年では全国的にかなり発生が少なくなっている。これは中国から入れた天敵のチュウゴクオナガコバチの効果によりものと考えられている（一一三ページ参照）。

疫病　園内の日照条件をよくして草生栽培を実施すると、ほとんど発生しない。逆に過密植による日照不足下で、草量が少なくなってきた樹齢七～一〇年前後の園で多発することが多い（対策は一二〇ページ参照）。

7、病害虫防除

防除しやすい樹と防除しにくい樹

既述したように、クリは年間の生長量が大きく、制限しない限り樹高は樹齢十数年で七～八メートルに達する。これぐらいになると、防除作業が困難になるだけでなく、たとえ防除しえたとしてもそれだけの効果が上がらない。

防除作業が楽にできて、効果の上がる樹にすることが先決である。それには、まず樹高を低くすること、つまり低樹高仕立てを取り入れる以外にない。

防除回数を減らす工夫が大切

クリの病害虫も多種多様で、それぞれの産地で決められた防除基準にのっとり、防除をすれば大きな被害が避けられる。しかし、そのとおり防除すると、防除回数がふえ、薬剤費がかさむだけでなく、労力もたいへんである。

防除回数を減らし、効果を上げるには、まずは園にたびたび入り病害虫発生の有無と発生度を観察することが大切である。毎年全園的に、かつ樹冠全体に農薬を散布しなければならない病害虫は、モモノゴマダラノメイガぐらいで、イガアブラムシ、クリタマバチ、カツラマルカイガラムシなどは、その年の発生度によって防除の要否と防除樹を決めればよい。

ただ、枝幹害虫であるカシワスカシバ、カミキリムシ、コウモリガなどは、絶えず枝幹を見回り、見つけしだい直ちに発生部位の局所防除に努めることが大切で、このことが防除の省力化のみならず実害を少なくし、防除効果を高めることになることを自覚したい。

発生予察で防除の要否を決める

①イガアブラムシ

近畿地方では七月上旬が防除適期なので、毬果のトゲが一～二センチぐらいに達したときに、果梗部（イガの付け根）を中心に発生の有無を調べる。トゲでわかりにくいときは果梗部周辺のトゲをハサミで切り除くと、わかりやすい。

成虫は灰褐色で一～一・五ミリ、卵はキナコをまぶしたような黄色である。これまで発生がみられた品種や樹を中心に三〇～四〇個の毬果を調べ、このうち四～五個に寄生がみられたら、ただちに薬剤防除する。また、加害されている毬果は無被害にくらべて小さいことが多いので、比較的小さい毬果を中心に調べるとよい。

品種的には筑波、石鎚、岸根、有磨などで発生が多い。

被害症状は、寄生の時期によって次の三つに分類できる。

①六月下旬～七月上旬の開花前後に寄生されると、開花後に落果（花）する。この時期の落果は早期の生理落果と同じ時期にあたるので、間違えないよう注意し観察する。

②七月中旬～八月中旬に寄生されると、その多くが〝若ハゼ〟になる（図4―26）。

③八月中下旬以降に寄生されると、収穫直前に毬果が褐変して落毬するか、逆に毬果の裂開がすすまず収穫が遅れることがある。これらはいずれも果実が小さく、光沢が少ない。

イガアブラムシは比較的難防除に属する。近畿地方では七月上旬が防除時期で、ひとつひとつの毬果に目がけるぐらいていねいに十分量を散布することが大切である。多発園では一〇日後に再度防除する。

図4−25　イガアブラムシの卵
果梗部の周りのトゲを除くとよくわかる

図4−26　イガアブラムシ寄生による“若ハゼ”

②クリタマバチ

近年は天敵のチュウゴクオナガコバ

チのまん延により、全国的にかなり発生が少なくなっている。本種は一年一回の発生で、幼虫は芽の中で越冬する。萌芽とともに虫えいが樹体の栄養分を摂取して肥大する（図4―27）。それにつれて、幼虫も急速に成長し、五月下旬～六月中旬ごろに蛹となる。近畿地方では六月中旬～七月上中旬に羽化し、虫えいから脱出する。

図4―27　良質の結果母枝に寄生したクリタマバチの虫えい

この程度となると収量が減少し樹勢が衰弱する

結果母枝の芽の一〇～一五%以上が加害されていたら薬剤防除する。弱小な枝だけに発生がみられる程度なら、実害が少ないので薬剤による防除は必要ない。

防除時期は成虫の羽化脱出始め、つまり全虫えいの一〇%ぐらいに脱出孔がみられるころが適期である。

枝幹害虫はこまめな見まわりが必須

①カミキリムシ

クリを加害するカミキリムシとしては、シロスジカミキリとミヤマカミキリがあるが、なかでもシロスジカミキリの加害が最も大きい。主幹あるいは太枝の皮層部を環状に加害し、養水分の通路を遮断するため、樹勢を衰弱させたり枯死させたりする重要害虫である。

クリへの産卵は、ほとんど七月下旬から八月上中旬に限られる。地上一～一・五メートル以下の主幹部の樹皮をほぼ円形に傷つけ、一つの傷口に一つの卵を産みつけ、幹や太枝を一周するように転々と産みつける。卵は一週間ぐらいで幼虫になり、樹皮下を食害し、つづら状の木くずを多量に出す。最初は樹皮下を環状に食害するが、成長するにつれて、材も食害し、最後には心材深く食入し蛹となる。

太さが一〇センチ以上の幹や太枝が加害されることが多い。したがって、樹齢四～五年までの幼木では、ほとんど加害されない。加害されても、若木期は主幹の地際部に産卵されやすい。

防除は七月上旬から八月上中旬の間、一週間おきに樹を見てまわり、産卵痕に殺虫剤を塗布するか、産卵痕を小石あるいは金槌でたたき卵をつぶすのがよい。一回の見まわり防除に要する時間は、一〇アールで三〇分～一時間ですむ。この方法は確実で省力的なうえ、卵の段階で防ぐので食害がないため、ほとんど実害を受けないきわめてすぐれた方法である。

②カシワスカシバ

本害虫の被害は非常に大きい。一度加害されると、その周辺部まで加害されやすいため、たえず注意が必要で、本害虫の実害はきわめて大きく、枯死につながる最重要害虫である。

幼虫の体長は二〇～三〇ミリで、頭は茶褐色、胴部は白色である。せん定部の切り口や、その他の枝幹害虫に加害された傷口でよくみられる。樹皮は縦に小さな割れ目ができ、そこから細かい少量の虫ふんを排出する。幼虫は年中見られ、樹皮下で越冬する。

図4−28　シロスジカミキリムシの産卵痕と成虫（上），被害状況と幼虫（下）

幼虫は皮層部と材部の間をたえず食害している。外見的には小さい割れ目でも、内部は大きく加害されているばあいが多い。細い枝にはみられず、直径が五センチ以上の枝や主幹部あるいは分岐部での被害が多い。

防除はふんを排出している被害部を削

①亀裂内部に幼虫が潜伏し，たえず加害　②幼虫　③蛹の抜け殻　④被害状況

図4－29　カシワスカシバの被害

りとり幼虫を捕殺する。傷口は木工用のボンドを厚く塗りゆ合を促進する。

③コウモリガ

　成虫は八月下旬〜十月に現われ、夕刻に地上一〜二メートルくらいのところを飛びながら二〇〇〇〜一万個の卵を地上に産み落とす。卵はそのまま越冬し、翌年の四〜五月にふ化し草本植物に寄生したのち、クリに食入加害する。太枝、中枝、細枝とあらゆる枝に寄生し加害する。側枝などの細い枝では、枝の皮層部を環状に食害したのち、材の中心部に入る。被害部の外見は、細かい木クズを糸でつづり合わせて穴の上にふたをしており、カミキリのように木クズを外に排出しないのが特徴である。

　被害を受けると、直径二センチ前後の細い枝では、枝折れすることが多い。苗木や幼木の主幹部が加害されると、枯死することもある。

　防除は雑草を適宜刈り取り、株元を清潔にしておくことが大切である。被害部を見つけたら、ガットサイドSまたはサッチュウコートSセットを注入・塗布するか、食入孔に針金を入れて刺殺する。

　なお、発生期間が長いので、こまめに見まわり、見つけしだい処理することが大切である。

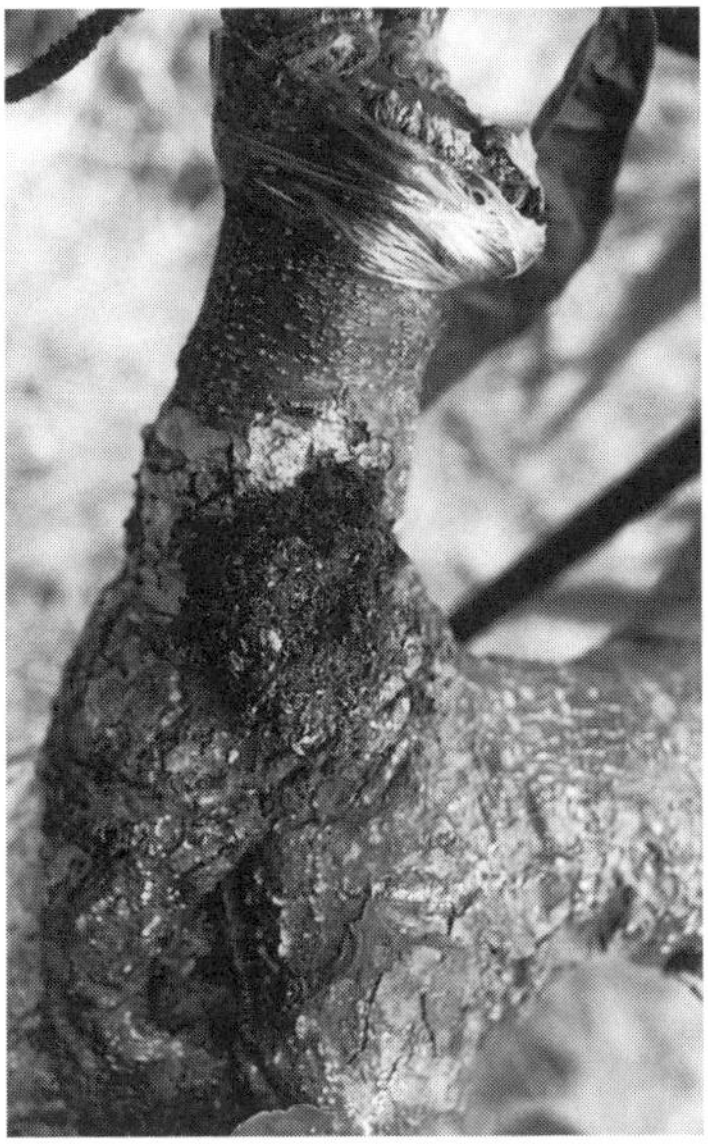

図4－30　コウモリガの被害の木クズ覆い（左）と幼虫（右）

モモノゴマダラノメイガは適期・適量散布で効果大

果実を食害する代表的な重要害虫であり、一部地域を除き夏期に二～三回の薬剤防除が必要である。成虫は年二～三回発生する。クリへの加害の多くは、二回目の発生である七月下旬～九月上旬で、毬果に多く産卵し果実を食害する。その後、一部のものはさらに第三回の成虫となり、九月上中旬に産卵する。

関東よりも西日本地域での被害が大きい。被害毬果は、白色の糸でつづった粒状の虫ふんや食べくずを外に排出し、毬果に穴をあけるのでわかりやすい。西日本で無防除にすると半分以上が加害され、商品価値がなくなる。

防除時期は、品種や地域によってかなり異なるので、それぞれの地域の防除基準によるのがよい。本害虫は適期に適量を散布すると被害果率を数%に抑えることができる（一二七ページ防除暦参照）。

クリシギゾウムシの防除は立木散布か、収穫後のくん蒸か

被害は早生種では少なく、中晩生種に多い。

成虫がクリの毬果に穴をあけ果実に産卵する。ふ化幼虫は果肉を摂食し、ふんは外に排出せず、果実内に充満する。被害果率は高いばあいは四〇～六〇%に達することがある。

防除法としては、九月上中旬の立木散布の効果が高いが、収穫中の薬剤散布はかなり困難である。さらに、効果が高いといっても、消費者段階ではわ

図4−31　炭そ病果
白い菌糸が充満

ずかな虫害果率でも許されないので、現実的には立木散布のみで解決をはかることはできない。したがって、実際には収穫直後のクリをくん蒸する以外に方法がない。

　くん蒸処理としては、古くは二硫化炭素を用いたが、長時間かかるうえ果実の品質低下もあり、現在ではほとんど行なわれていない。現在では、短時間で効果のある臭化メチル（メチルブロマイド）によるくん蒸処理が一般的である。しかし、本薬剤の臭素は、地球のオゾン層を破壊し、地球の温暖化を助長するということで、二〇〇五年に全廃されることになっているが、新しい防除方法が開発されるまで、許可制のもと延長される見通しである。

　このようなことから、臭化メチル（メチルブロマイド）に変わるヨウ化メチルによる処理、あるいは温湯処理や低温処理などの方法が、国や府県の研究機関で開発されつつあり、実用化が期待されている。

炭そ病は耕種的手段が最大の武器!!

炭そ病は果実腐敗と落毬を引き起こし、直接減収に結びつく重要病害である。

　毬果に感染したばあいは、はじめ表面のトゲに黒褐色の小さい斑点ができ、これがしだいに広がって不正形の斑紋となる。果実へは開花後、先の尖った果頂部（柱頭部）から感染する。病状がすすむと、果肉部が縮んで、果皮との間に白色菌糸が充満する（図4―31）病原菌は多くのばあい、病斑に接したイガから侵入し、八月上旬以降増加する。

　本病の発生は、品種、樹齢、栽培条件、気象条件などによって大きく異なるのが特徴で、栽培方法の改善によって大きな防除効果がみられる（図4―32）。

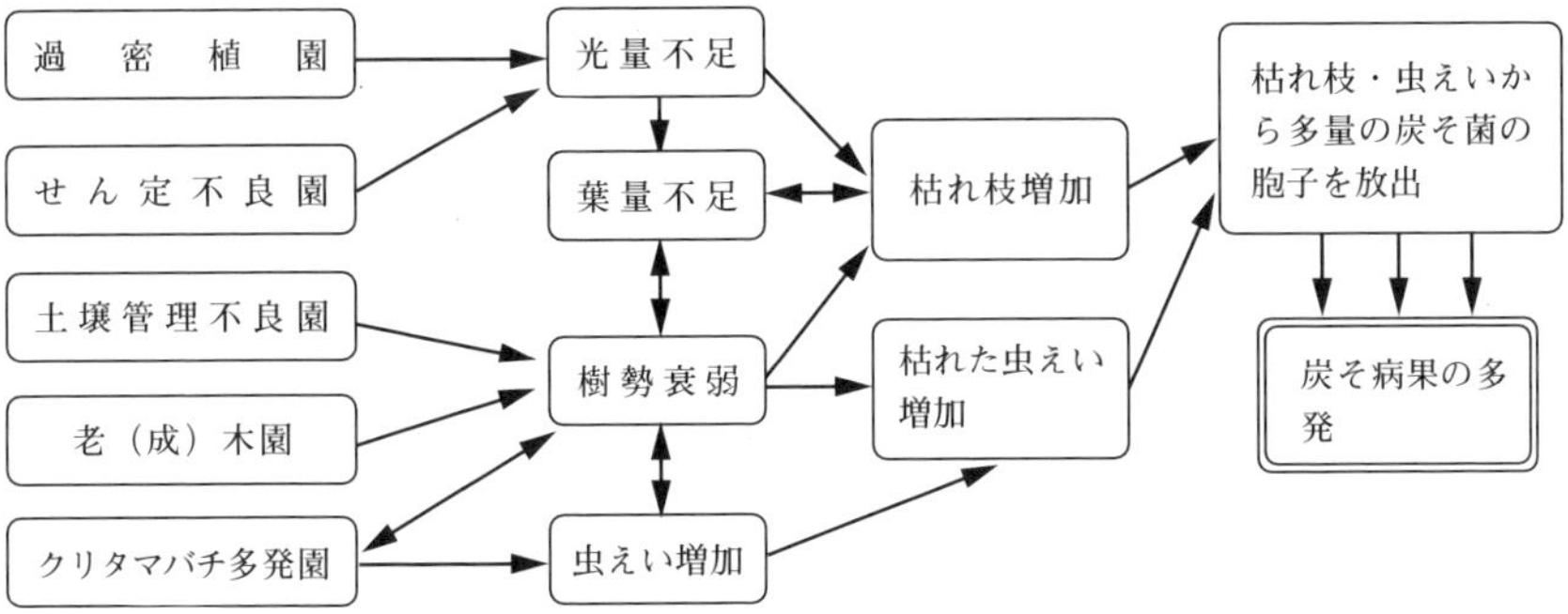

図4—32　炭そ病発生の多少は栽培条件で大きく異なる

また、幼木や若木での発生が少なく、成木や老木での発生が多い。これは樹勢の強弱や樹内の枯れ枝の多少によって、炭そ病の発生が強く影響されるためである。肥培管理の悪い園や受光条件の悪い過密植園では、一〇年生前後の早くから樹勢が衰弱するとともに、枯れ枝も多くなる。炭そ菌の多くは、枯れ枝に潜伏するため、これらの園では当然発生が多くなる。

さらに、表4—14のように品種によって明らかに発生にちがいがある。全般に、クリタマバチの発生が少ない品種群では、明らかに炭そ病の発生が少ない。クリタマバチの成虫は、近畿地域で六月下旬~七月中旬に虫えいから羽化脱出する。脱出後、枯死した虫えいは炭そ病菌の絶好の潜伏場所となり、ここで多量の胞子を形成し毬果に感染するためである。また、胞子は雨

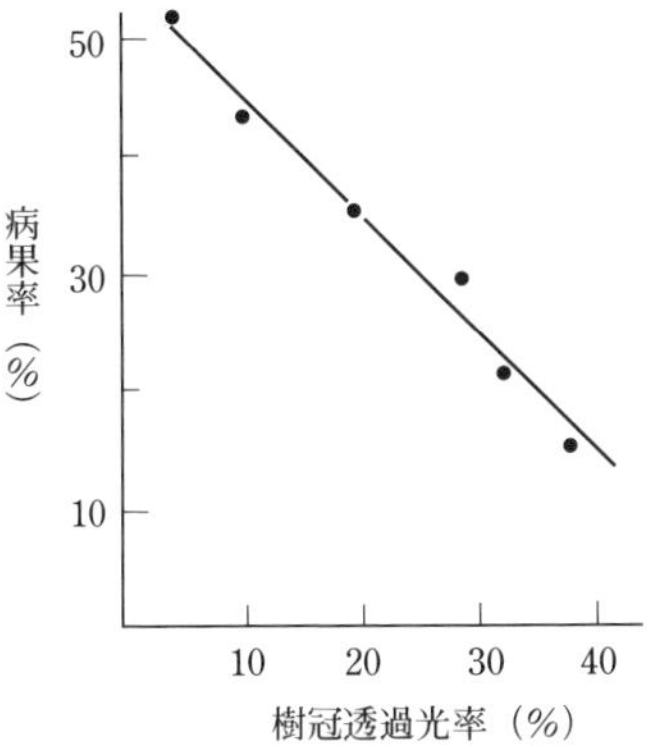

図4—33　過密植園ほど炭そ病の発生が多い——クリ炭そ病の病果率と樹冠密度との関係（品種大和早生8～11年生樹）（内田）

表4—14　クリの品種別炭そ病被害程度

（茨城園試）

被害果率	品種名
5%以下	銀寄，赤中，今北，銀鈴
6～10%	岸根，田尻銀寄，有磨，石鎚，森早生
11～12%	筑波，大正早生，丹沢，ち—7
21～30%	玉造，伊吹
31%以上	大和早生，千代田早生，中生丹波

注）1974年，茨城県23地点102樹調査結果平均

によって分散・伝播し、六～八月とくに七～八月に雨が多いと多発する。

最も効果のある防除法は、枯れ枝やクリタマバチの虫えいを極力少なくすることである。これには、的確な整枝・せん定と縮・間伐による樹冠内と樹園地内の受光条件の改善と、適切な肥培管理がきわめて重要であるといえる。

薬剤による防除としては、七月下旬～八月下旬の防除が有効であるが、耕種的防除を軽視したのでは、みるべき効果は上がりにくい。

黒色実腐れ病防除は、炭そ病と同じ

本病は炭そ病と同様に果実腐敗を起こすが、発生時期や伝染経路、防除法は炭そ病と同じである。炭そ病果の果皮は淡褐色～黒褐色に果肉は乾腐果となるが、本病では果皮は黒く果肉は軟腐果になるので区別できる。

疫病は日照条件の改善と草生で撃退

疫病は樹齢五～六年から発生し、七～一〇年ぐらいで最も多い。本病は急激に発生し、発病後一～二年間に病樹の大半が枯死することもあり、急性型の重要病害である。

病徴は春から現われ、梅雨以降に急に症状が目立ってくる。症状は、樹皮の割れ目などから黒汁がにじみ出るのが特徴である。その部分の樹皮を削ると、組織が褐色濃淡のしま模様に変色し、軟らかくなっている。病患部が幹や枝を一周すると落葉、枯死する。

侵入感染の適温は、一八～二七℃で、伝染には十分な水分が必要である。また、本病はふつう地上一～一・五メートル以下の幹や太枝に発生する。

過密植の日照不足の園や、草の少ない園での発生が非常に多い。逆に、的確な縮・間伐とせん定をし、日照条件のよい草生園ではまず発生しない。

また、病原菌は傷口などから侵入するので、樹皮に亀裂を生じたり、カシワスカシバなどに加害されると発生が多くなる。品種的には、樹勢の衰弱した筑波での発生が多い。

防除法は、発生要因をなくすことが第一で、園内の日照条件をよくし、草生栽培をすることにつきる。

5章

主な品種とねらいにあわせた選び方

1、ねらいと品種の選び方

病害虫も少なくあまり手をかけずにつくりたい

クリは他の果樹にくらべて、省労力、省資材、省農薬で栽培しやすい果樹である。ただ、これまで述べてきたようにクリ樹の特徴をわかって栽培することがだいじで、そのポイントをおさえれば、ほとんどの品種で大きなクリをたくさん収穫することができる。

栽培のポイントは、つぎの四つである。

①せん定により樹を小さく低樹高に仕立て、的確な縮・間伐で樹冠内、樹園地内の受光条件をよくする。

②枝幹害虫のカミキリムシ、カシワスカシバ、コウモリガの加害状況を見回り、処理すること。

③耕土の深さは、梅雨明け後に灌水できるなら四〇～五〇センチ、灌水できないなら五〇～六〇センチ以上の条件を確保すること。

④果実害虫は、夏期に一～二回薬剤防除をする（被害をがまんできる限界の防除回数と考えていただきたい。できればもう一～二回は防除したい）。

とにかく味のよいものをつくりたい

クリは可食部がデンプンのため、味についてては栽培法のちがいによる差異は比較的少ないが、品種によるちがいは非常に大きい。

個人によって好みがあるので、ランク分けするのはむずかしいが、比較的よく栽培されている優良品種の中で、味のよしあしだけで独断的に判断してみた。

最上位＝利平栗、人丸

最上位～上位＝秋峰、銀寄

上位＝筑波、紫峰

上位～中位＝石鎚、岸根、伊吹

中位＝丹沢、出雲、大峰

中位～下位＝国見

気象的には、日照条件がよくて、秋期の気温が昼間と夜間の差が大きいほうが味がよくなる。また、土壌的には、火山灰土よりも非火山灰土のほうがよい。

長期間収穫する品種の組み合わせ

クリは省労力、省資材で栽培ができ

るが、全労力の四割ぐらいまでが収穫労力である。それだけに、大規模経営では収穫労力を分散させる必要があり、早生種から晩生種まで品種の組み合わせがたいせつになる。また、小面積でも品種を組み合わせて長期間収穫・販売してもおもしろい。

主要品種の中で、近畿地方の収穫時期で分類すると、おおよそつぎのようになる。これを目安に品種を組み合わせるとよい。

早生品種（八月下旬～九月上中旬）＝出雲＞丹沢、東早生＞大峰、国見、人丸、伊吹

中生品種（九月中下旬～十月上旬）＝有磨＞筑波、紫峰、利平栗＞銀寄、秋峰

晩生品種（十月上旬～十月中下旬）＝石鎚＞岸根

2、主要主品種の特性と栽培上の留意点

■丹沢（たんざわ）

特　性　熟期は八月下旬～九月上旬の早生種。若木期は樹勢がやや強く、樹は開張性。果実の大きさは二〇～二五グラムで、豊産性。果肉は淡黄色、粉質。双子果と果頂裂果が多い。干ばつ年はしわグリの発生が多くなる。このように、やや問題があるが、九月上旬前後に収穫する早生種としてはこれに替わる品種が見あたらない。

栽培の留意点　成木になると新梢の伸長が衰えやすいが、樹容積を制限し、的確なせん定をすれば樹勢を健全に維持できる。干ばつの年は、しわグリの発生に注意する。

■伊吹（いぶき）

特　性　熟期は九月上中旬で、丹沢の終わりごろから収穫される。果実の大きさは二〇～二五グラムで、豊産性。果皮は濃褐色で光沢が強く、外観が美しい。果肉は淡黄色で甘く、双子果が少なく食味がよい。若木のときからよく着果し、豊産性であるなど、丹沢より優れた特性をもっているが、モモノゴマダラノメイガの被害が多いことから嫌われてきた。

栽培の留意点　枝の分岐が多く、新梢生長が強くても弱くてもよく着果する。それだけに着果過多によって樹勢が衰弱することがあるので、せん定や

肥培管理に気をつける。これらの特性からみて、低樹高栽培にはうってつけの品種と考えられる。モモノゴマダラノメイガは、低樹高栽培なら薬剤がよくかかるので、通常よりもていねいに防除する程度で十分おさえられる。

■東早生（あずまわせ）

特　性　熟期は丹沢と同じか、やや早く、八月下旬〜九月上旬である。果実の大きさは二〇〜二五グラムで、果肉は黄色、粉質である。モモノゴマダラノメイガの被害はやや多い。双子果、裂果の発生は、同一熟期に近い丹沢よりかなり少ない。食味は丹沢よりやや優れている。

栽培の留意点　樹勢が強く直立性のため、幼木〜若木期の着果が少ないときは、施肥量を少なくし、樹勢が安定するようにしむける。

■大峰（おおみね）

特　性　熟期は九月上中旬で、伊吹とほぼ同じで丹沢の終わりごろから収穫される。果実の大きさは二〇〜二二グラムで、果肉は黄色、やや粉質で食味は中位。果皮は褐色で美しい。着果量はかなり多く、年によって着果過多となり、小粒化が問題となる。裂果、双子果の発生が少なく、クリタマバチの被害はやや少ない。

栽培の留意点　生理落果が少なく、豊産性の品種だけに、着果過多で小果となりやすい。せん定は強めにし、樹冠をコンパクト化すると、樹勢を健全に維持できる。

■筑波（つくば）

特　性　熟期は九月下旬〜十月上旬。若木期までの樹勢は強健で、樹冠の拡大が早い。果実は二〇〜二五グラムぐらいで、粒ぞろいがよい。果皮は褐色で光沢があり、外観が美しい。果肉は甘く香気があり、淡黄色で粉質である。双子果も少なく品質は非常によい。幼木期からよく着果し、豊産性であり、剥皮による果肉の歩留りも多く、加工用にも適している。日本の栽培面積の三〇％以上を占める代表的品種である。

栽培の留意点　豊産性ということもあって、成木以降では樹勢が衰弱しやすい。また、枝幹害虫被害も多い。したがって、一〇年生以降は、樹容積の制限を行なうとともに、十分な栽培管理が必要である。

■紫峰（しほう）

熟期は九月下旬〜十月上旬で、筑波とほぼ同じ。果実の大きさは、二二〜二六グラムと筑波より若干大きい。果皮の色は褐色で、甘みと香気は中程度で優れるが、筑波よりやや劣る。クリタマバチ抵抗性は筑波より明らかに強く、炭そ病も少ない。

栽培の留意点　樹性、果実とも問題点が少なく、クリタマバチの多発地域で、筑波の補助的品種として栽培されている。

■利平栗（りへいぐり）

特　性　熟期は九月下旬～十月上旬で銀寄とほぼ同じ。若木期は樹勢が強く、やや直立性である。若木期は枝の分岐が少なく、結果母枝と結果枝が少ないので、初期収量が上がりにくい。果実の大きさにくらべ、イガの肉が厚く毬果が大きい。果実の大きさは二〇～二五グラムぐらいで、果形は偏円形である。果皮は紫色を帯びた黒褐色で光沢が強く、外観が美しい。日中交雑種なので、他の品種と一見して区別できる。果肉は淡黄白色の粉質で甘みが多く、食味は非常によい。しかし、肉質がやや固いので料理や加工用には適さない。

外観も食味もよいので、個別出荷すると高値で取り引きされるが、収量が少ないので、栽培面積としては少ない。

栽培の留意点　若木期までは生育がきわめて旺盛なため、施肥量を少なくする。しかし、着果量が多くなってくると急に生育が弱ってきやすいので、注意が必要である。

■銀寄（ぎんよせ）

特　性　古い歴史をもつ在来種である。現在でも兵庫、大阪、京都のいわゆる丹波グリの産地の代表的品種である。丹波グリの品種の中で、現在でも広く栽培されている唯一の品種である。熟期は九月下旬～十月上旬、果実の大きさは筑波と同等かそれ以上である。樹勢が強く樹体は強健である。果実は横に長く、外グリの内側側面は弓状にわん曲しているのが特徴である。果皮は、濃褐色で光沢が強く、外観が非常に美しい。果肉は淡黄色の粉質で甘みが多く、香気があって加工適性もすぐれており、品質は筑波と同等かそれ以上である。

幼木～若木期は雌花の着生が少なく不安定であるが、樹勢が落ちついてくると着果が多くなり安定する。樹の寿命は長く、長年樹勢を健全に維持しやすい。毬果は強風で落ちやすく、収穫前では風速一五メートルぐらいでもかなり落毬するのが大きな欠点で、台風の常襲地帯には不向きである。なお、クリタマバチには強い。

栽培の注意点　昔から全国的に広く栽培されてきたが、強風による落毬が多いため、この点では同一熟期の筑波に遠くおよばない。幼木～若木の収量を高めるには、せん定を弱くしたり施肥をひかえるなど、新梢の伸びすぎをおさえることがたいせつである。新梢長は三〇～四〇センチがもっともよく、五〇センチ以上になると着果が少なくなる。さらに、新植にあたっては、園の中でももっとも風当たりの弱いところを選ぶようにする。

■秋峰（しゅうほう）

特　性　熟期は筑波と石鎚の間で九月末～十月上旬でやや晩生である。果実の大きさは、二〇～二五グラム程度で、石鎚よりやや小さいが粒ぞろいがよい。果皮は暗褐色で、果肉は黄色、粉質である。甘み、香気が強く、筑波より食味がよいのが特徴。裂果、双子果の発生が少ない。モモノゴマダラノメイガの被害は中程度だが、炭そ病に強い。

栽培の留意点　やや樹勢が弱いので、せん定と肥培管理に留意する。樹姿は開張性で、低樹高仕立てが容易である。

■石鎚（いしづち）

特　性　熟期は十月上中旬で、果実は円形で大きく、二〇～二五グラムぐらい。果皮は赤褐色で光沢がある。果肉は淡黄色の粉質で、甘み多く品質がよい。雌花の着生は非常に多く、良質の結果枝では三～五個の雌花がつき、生理落果も少ない。幼木期からよく着果し、かなりの豊産性である。成熟直前でも、強風にきわめて強く、落毬しないのが特徴。

クリタマバチに対する抵抗性はきわめて強く、モモノゴマダラノメイガの被害も少ないが、クリイガアブラムシの被害が多い。

栽培の注意点　充実した結果枝なら、一枝に三～五個の雌花をかためて着けるため、毬果が重なり合いやすい。重なり合っている毬果には薬剤が付着しにくく、クリイガアブラムシやモモノゴマダラノメイガに加害されやすい。

本種は雌花の着生が非常に多いだけに、粗摘果が必要である。低樹高栽培では、一〇アール当たり一〇時間ぐらいで粗摘果ができる。粗摘果を行なうだけで、大グリになるだけでなく、害虫被害も少なくなるので、経営的にも十分に採算がとれる。粗摘果の時期は七月下旬～八月上旬ころがよく、この時期なら素手で摘み取れる。

付録1　クリ防除暦　（農薬登録は2004年8月末現在））

防除時期	対象病害虫	使用薬剤（10a当たり）	防除のポイント
12月～2月（休眠期）	カイガラムシ類 ハダニ アブラムシ類	マシン油乳剤（95%） カイガラムシ類30倍 ハダニ，アブラムシ類40倍	・低樹高にし，薬剤がかかりやすいようにする
4月下旬～5月上旬（新梢伸長始め）	クスサン	登録農薬なし	・冬期に卵塊を取って焼却 ・５月上旬の若齢幼虫が群生しているときに防除することが重要：見回り必須
6月下旬（雄花落花後）	クリタマバチ	・アディオン乳剤2,000倍（300～400l/10a） ・アグロスリン水和剤2,000倍（300～400l/10a）	・虫えいの約10%に脱出孔がみられたときが散布適期
7月中旬～8月上旬（果実肥大期）	★カミキリムシ類	・トラサイドA乳剤200倍，またはサッチュウコートSセット50倍：予防散布または被害部に注入・塗布	・7月上中旬～8月中旬に園内を1週間おきに見回り，被害部に薬剤注入・塗布することが重要 ・予防散布の有効期間は約7～10日
7月上中旬（果実肥大期）	イガアブラムシ	・エルサン乳剤（粉剤）1,000倍（6kg/10a） ・アドマイヤー水和剤1,000倍	・7月上中旬に発生を調査：30個中3，4個以上で防除 ・2回散布は7月上中旬，下旬 ・イガにていねいに十分量を散布（300～500l/10a）
7月下旬～8月下旬（果実肥大期）	★モモノゴマダラノメイガ	・ディプテレックス水溶剤80の1,000倍，同粉剤6kg/10a ・トクチオン乳剤1,000倍 ・エルサン乳剤（粉剤）1,000倍（6kg/10a）	◆注1参照 ・早生種〈丹沢，国見など〉 2回散布：7月25日，8月10日 3回散布：7月20日，8月 1日，8月10日 ・中晩生種（筑波，銀寄，石鎚） 2回散布：8月 5日，8月20日 3回散布：8月 1日，8月10日，8月20日
	炭そ病	・ベンレート水和剤2,000～3,000倍	・耕種的対策の効果大 ・散布時期：8月上旬・中旬 ◆：モモノゴマダラノメイガとの混用散布が可能
9月上旬～	★クリシギゾウムシ	〔立木散布〕 ・アディオン乳剤2,000倍，またはアグロスリン水和剤2,000倍 〔収穫後処理〕 ・臭化メチル剤 ・温湯浸漬	立木散布は9月上旬 ・使用許可が必要 ・48～51℃で30分間
年中（特に6～10月）	★コウモリガ	・ガットサイドS15倍 ・サッチュウコートSセット1.5倍	絶えず園内を見回り散布または注入防除
年中	★スカシバ類	登録農薬なし	・この被害は極めて大きく，樹勢の衰弱と枯死をまねく ・せん定部位の大きな切り口，枝幹の傷口が繰り返し加害される ・絶えず園内を見回り被害部位はナイフで削り取り防除に努める

注）1．モモノゴマダラノメイガの防除時期は丹沢（早生）の収穫始めが8月25日前後，最盛期が8月31日頃。筑波，銀寄の収穫始めが9月20日前後，最盛期9月24日前後とした場合

2．★必須防除：無防除では，毎年発生し大きな被害を与える病害虫

付録2　接ぎ木の方法

(1) 接ぎ穂の採取と貯蔵

接ぎ穂にする枝は、充実した一年枝（昨年伸びた新梢）を一月下旬～二月に採取する。採取後ただちにポリエチレンの袋に入れ密封し、一～五℃の冷蔵庫に入れて保存する。乾燥させないことがだいじで、乾燥の心配があるときは、湿った新聞紙にくるんでからポリ袋に入れるのがよい。

(2) 接ぎ木の時期

春接ぎと秋接ぎがあるが、春接ぎが一般的でよく活着する。春接ぎは、台木の芽が発芽・展葉したころから本葉が三～四枚展葉したころがよく、ソメイヨシノが散りかけたころから一週間ぐらいが最もよい。

(3) 接ぎ木方法

接ぎ木方法としては、切り接ぎ、はぎ接ぎ、袋接ぎ、芽接ぎなどがあるが、切り接ぎとはぎ接ぎが一般的であり、この二方法について説明する。

〈切り接ぎの方法〉

①台木はまっすぐなところを選び、接ぎ木する高さで切る。

②切断面のもっとも滑らかな面を選び、図1のように二～三センチ切り込みを入れる。切り込む厚さは、台木の木質部にわずかにかかる程度がよい。

③接ぎ穂はまっすぐで平滑な枝を選び、二～三芽つけて長さ四～五センチに切る。なお三芽のときは二芽を

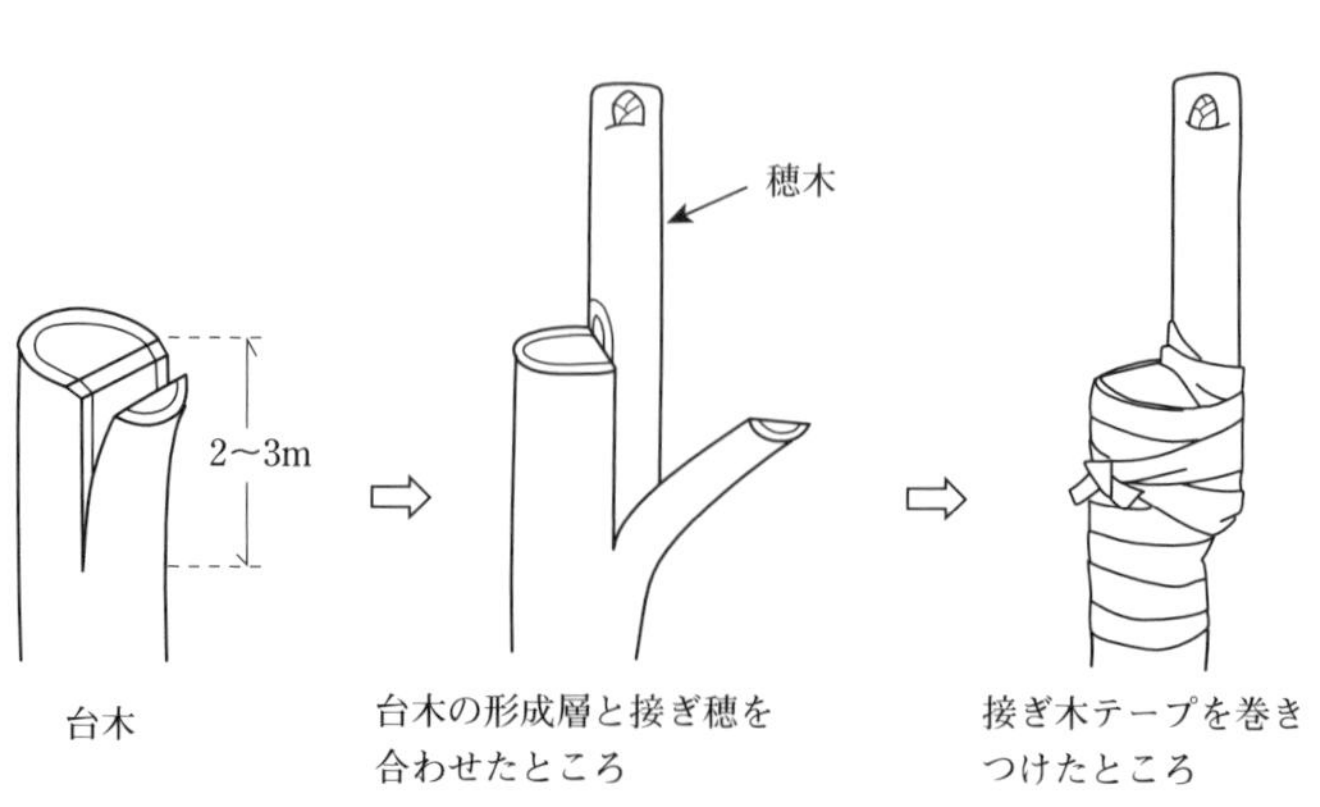

図1　切り接ぎの要領　（佐藤）

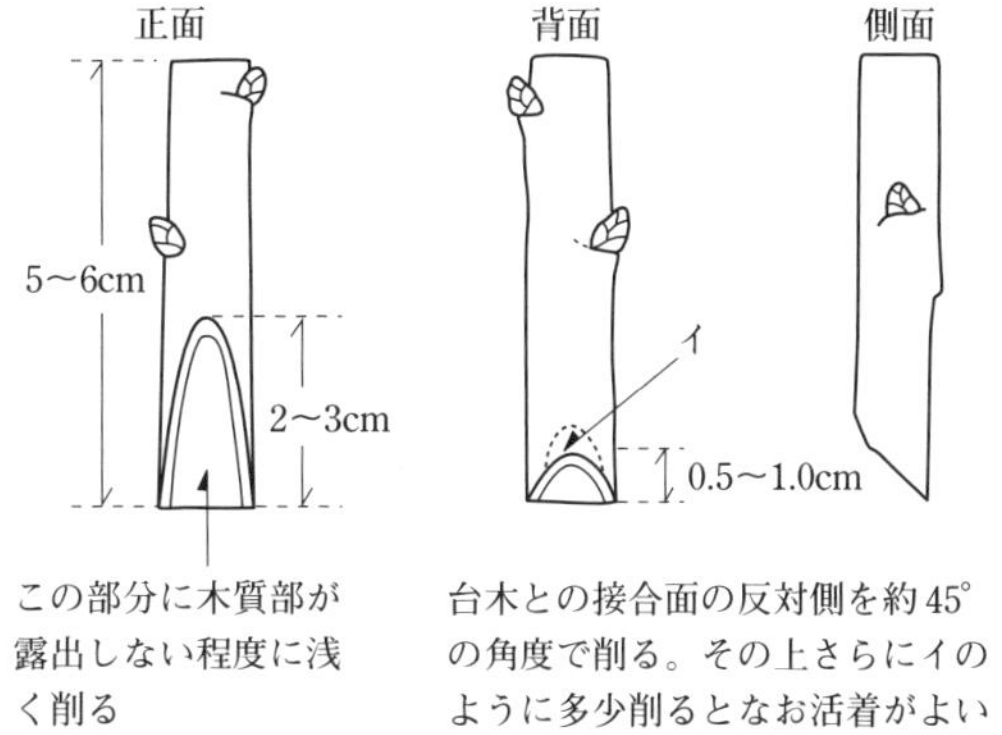
正面
背面
側面
5～6cm
2～3cm
イ
0.5～1.0cm
この部分に木質部が露出しない程度に浅く削る
台木との接合面の反対側を約45°の角度で削る。その上さらにイのように多少削るとなお活着がよい

図2　切り接ぎでの穂木の調製法　（兵藤）

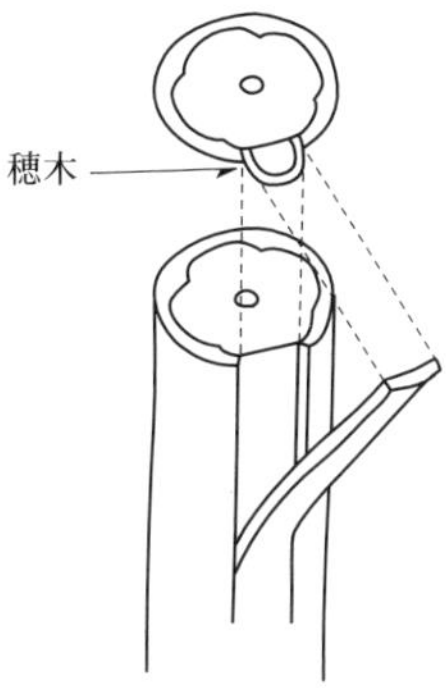
穂木

図3　はぎ接ぎの要領
（青木）

残し、下部の芽は切り除く。つぎに、二芽のうちの下の芽の斜め下から二～三センチの長さで、わずかに木質部が見える程度に浅く削る（図2）。

④穂木を台木の切り込みにさし込み、両方の形成層を合わせるとともに、台木に削り面の最下部と穂の最下部が密着するようにする。このとき、台木が太くて接ぎ穂が細いばあいは、左右のどちらか片側の形成層に合わせる。

⑤接ぎ穂が動かないよう、厚さ〇・〇五ミリ、幅一～二センチの接ぎ木テープをしっかり巻きつける。

⑥最後に、接ぎ穂が乾燥しないように、接ぎ穂と台木部の切断面に接ぎろうを塗る。

〈はぎ接ぎ法〉

①接ぎ木時期、接ぎ穂の調製は、切り接ぎ法と同じである。

②台木は曲線のないまっすぐな部分で平滑な面を選び、接ぎ穂の幅と同じ幅に二本切り込みを縦に入れる。切り込みの深さは木質部に達する深さである。このとき、台木への切り込みは、接ぎ穂の削り面よりやや短くする（図3）。

③接ぎ穂のさし込みと結束は切り接ぎ法と同じである。

著者経歴

荒木　斉（あらき　ひとし）

昭和17年　兵庫県篠山市生まれ
昭和40年　兵庫農科大学農学科卒業（現，神戸大学農学部）
昭和41年　兵庫県農業試験場就職
平成10年　兵庫県立中央農業技術センター農業試験場園芸部長を経て同15年退職
現在，兵庫県花卉協会・肥料協会事務局長，農学博士

主な著書
『クリ栽培の実際』（農文協）
『図解　樹形とせん定シリーズ　小づくりに仕立てる』（共著，農文協）
『果樹園芸技術ハンドブック』（共著，朝倉書店）
『図解　樹形とせん定シリーズ　最新　果樹のせん定』（共著，農文協）
『果樹園芸大百科⑦　クリ』（共著，農文協）

クリの作業便利帳
―作業改善と低樹高化で安定多収―

2004年10月5日　第1刷発行
2023年10月30日　第12刷発行

著者　荒木　斉

発行所　一般社団法人　農山漁村文化協会
郵便番号　335-0022　埼玉県戸田市上戸田2—2—2
電話　048(233)9351(営業)　048(233)9355(編集)
FAX　048(299)2812　　振替　00120-3-144478
URL https://www.ruralnet.or.jp/

ISBN978-4-540-04227-0　　DTP製作／(株)農文協プロダクション
〈検印廃止〉　　印刷・製本／TOPPAN(株)

定価はカバーに表示
Printed in Japan
乱丁・落丁本はお取りかえいたします。